Heinrich Robert Goeppert

Über Einheitliche, Zusammengesetzte und Gesammt-Sachen

nach römischen Rechte

Heinrich Robert Goeppert

Über Einheitliche, Zusammengesetzte und Gesammt-Sachen
nach römischen Rechte

ISBN/EAN: 9783743657274

Hergestellt in Europa, USA, Kanada, Australien, Japan

Cover: Foto ©Suzi / pixelio.de

Weitere Bücher finden Sie auf **www.hansebooks.com**

ÜBER

EINHEITLICHE, ZUSAMMENGESETZTE

UND

GESAMMT-SACHEN

NACH RÖMISCHEM RECHT.

VON

DR. GÖPPERT,

ORD. PROFESSOR DER RECHTE AN DER KÖNIGLICHEN UNIVERSITÄT
ZU BRESLAU.

HALLE,

VERLAG DER BUCHHANDLUNG DES WAISENHAUSES.

1871.

NACHDRUCK DES VERLAGES FERDINAND KEIP 1970
mit Genehmigung des Originalverlages

IHREM HOCHVEREHRTEN SENIOR,

HERRN

GEORG PHILIPP EDUARD HUSCHKE,

DOCTOR DER RECHTE, DER THEOLOGIE UND DER PHILOSOPHIE,
GEHEIMEM JUSTIZRATH UND ORDENTLICHEM PROFESSOR DER RECHTE,
ORDINARIUS DES SPRUCHCOLLEGIUMS,

ZUR FEIER

SEINES FÜNFZIGJÄHRIGEN

JURISTISCHEN DOCTORJUBILÄUMS

AM XXI. DECEMBER MDCCCLXX

ÜBERREICHT

VON DER JURISTISCHEN FACULTÄT DER UNIVERSITÄT
BRESLAU.

Inhalts-Verzeichniss.

Hochverehrter Herr College!

Von den fünfzig Jahren, welche seit dem Tage Ihrer Doctorpromotion verflossen sind, haben Sie dreiundvierzig unserer Facultät angehört. Die grosse Anzahl derer, welche Ihnen ihre juristische Ausbildung verdanken, ist Zeuge, mit welchem gedeihlichen Erfolge Sie in dieser Zeit als Universitätslehrer thätig gewesen sind. Wie unsere Wissenschaft durch Ihre Schriften gefördert worden ist, bedarf nicht unseres Lobes; dieser Theil Ihres Wirkens ist Gemeingut der deutschen Juristen. Aber es drängt uns heute öffentlich auszusprechen, dass Ihre Amtsgenossen in Ihnen nicht nur das leuchtende Beispiel aufopfernder Hingebung an den akademischen Beruf und unermüdlicher Forschung verehren, sondern auch zu Ihnen als einem erhebenden Vorbilde echter Humanität, tiefernsten Wahrheitseifers und unerschütterlicher Ueberzeugungstreue aufblicken. Die Abhandlung, welche wir Ihnen überreichen, verfasst von einem unserer Mitglieder, welches sich rühmen darf selbst Ihr Schüler gewesen zu sein, soll als ein äusseres Zeichen der Dankbarkeit dienen, welche gerade wir persönlich Ihnen von ganzem Herzen zollen.

Möge die akademische Jugend, die Rechtswissenschaft und unser Kreis sich noch lange Jahre Ihrer segensreichen Wirksamkeit erfreuen!

Die juristische Facultät der Universität Breslau.

Gitzler. Stobbe. Schulze. von Bar. Göppert.

Einleitung.

Die ersten Abschnitte der nachfolgenden Abhandlung bewegen sich grösstentheils auf einem Gebiete, welches von juristischen Untersuchungen weitab zu liegen scheint. Es stammen jedoch die Begriffe von einheitlichen, zusammengesetzten und Gesammtsachen oder Sachgesammtheiten, soweit sie wirklich dem römischen Recht angehören, aus der stoischen Philosophie und können nicht ohne genaues Eingehen auf gewisse Theile der letztern völlig verstanden werden. Blosse Citate einzelner einschlagender Stellen aus der alten philosophischen Literatur helfen dazu wenig, da sie nur das Räthsel wiederholen, aber nicht lösen; ich muss also den Leser bitten, sich zunächst die bezüglichen Lehren jener Schule in der unentbehrlichen Ausführlichkeit von mir darstellen zu lassen. Ich kann dies nicht ohne ihm eine ziemliche Anzahl griechischer Beweisstücke zu unterbreiten. Doch habe ich vor dem „graeca non leguntur“ noch etwas weniger Besorgniss, als vor der andern Thatsache, dass jeder Hinweis auf Stoicismus bei der gegenwärtigen Stimmung in unserer Wissenschaft auf mindestens ebensoviel Missgunst rechnen muss, wie man zu anderer Zeit ihm umgekehrt Bereitwilligkeit entgegen zu bringen pflegte.[1]

Indessen ist die herrschende Abneigung nur gegenüber der ältern kritiklosen Sucht Stoicismus aufzuspüren gerechtfertigt und die jetzt verbreitete Meinung, dass ihm überhaupt keine Wichtigkeit für die Entwicklung der römischen Jurisprudenz beizumessen sei, durch die falsche oder wenigstens einseitige Fragstellung herbeigeführt, welche in neuerer Zeit üblich geworden ist.

1) Vgl. dagegen die besonnenen Worte von F. Hofmann, Beiträge zur Geschichte des griech. und röm. Rechts. 1870. S. 36—43.

In der frühern Literatur, von Cujacius an, dem ersten Schriftsteller, welcher bestimmt von einem Einfluss der stoischen Philosophie auf die römischen Juristen sprach, bis in unser Jahrhundert hinein hat man sich hauptsächlich beeifert, gelegentliche Sentenzen oder an den Stoicismus erinnernde Argumentationen für Sätze entschieden andern Ursprungs oder gewisse Theorien, welche unter Andern auch im Munde eines Stoikers möglich gewesen wären, als Beweise zusammenzubringen. Bei einiger kritischer Neigung sieht man bei dem grössten Theil leicht entweder die völlige Gleichgültigkeit der etwaigen Entlehnung oder den Mangel sichern Causalzusammenhangs mit jener Philosophenschule.

In unserer Zeit hat man dagegen die Aufmerksamkeit besonders auf eine etwaige Einwirkung der philosophischen Methode der Stoiker oder ihrer Lehren von Staat, Recht, Moral richten zu müssen geglaubt. Es gelingt dann allerdings weder eine Uebertragung der erstern, noch bestimmte, allein auf den gedachten Doctrinen beruhende Institute und Rechtssätze zu entdecken. Aber die juristische Methode, wenn sie etwas taugen soll, ist ja doch nothwendig eine andere als irgend welche philosophische. Die Rechtsphilosophie ferner vermag überhaupt nicht in der bei jenem Suchen vorausgesetzten Weise auf ein positives Recht einzuwirken:[2] ihr Einfluss kann sich nicht unmittelbar an dessen Inhalt, sondern nur an der Wissenschaft desselben äussern, durch Verflachung oder Vertiefung ihres Charakters und Strebens sammt der Aufnahme mancher allgemeiner Anschauungen oder auch nur gewisser Ausdrucksweisen.[3]

Womit hier der Leser sich aus meiner Zusammenstellung bekannt machen soll, ist ein ganz anderes Gebiet aus dem System der stoischen Philosophie, ihre Naturlehre, und es handelt sich nicht um Rechtssätze, welche die römischen Juristen aus

---

2) Am übertriebensten ist die Vorstellung von dem möglichen Einfluss einer bestimmten philosophischen Theorie bei Ratjen in Sell's Jahrb. Bd. 3. S. 66. f.

3) Darauf kommt auch hinaus, was Voigt jus nat. Th. 1. S. 251. ff. ausführt.

ihr übernommen haben sollen, sondern um gewisse Begriffe, welche sie ihr entlehnten, indem sie namentlich eine Reihe von thatsächlichen Erscheinungen danach unterschieden und aus den von der stoischen Lehre behaupteten physischen Differenzen derselben Folgerungen für die nothwendige Verschiedenheit der juristischen Beurtheilung zogen. Unter den verfehlten Beispielen, welche unsere ältere Literatur für die Einwirkung des Stoicismus anzuführen pflegte, befindet sich ebenfalls Manches aus der stoischen Physik.[4] Bei unserer Eintheilung der Sachen oder vielmehr der Körper lässt sich aber der stoische Ursprung handgreiflich nachweisen.

Die stoische Physik war zur Zeit der Entwicklung und Blüthe der römischen Jurisprudenz die herrschende. Es ist gewiss, dass insbesondere in der ersten Kaiserzeit der Stoicismus die Lebens- und Weltanschauung der römischen Gebildeten bestimmte.[5] Wichtig war dafür unter Anderm, dass im ersten christlichen Jahrhundert die stoische Lehre allein namhafte Vertreter aufzuweisen hatte, während von den übrigen Schulen der Epicureismus in Unthätigkeit versunken war und auch die platonische und die aristotelische Philosophie erst am Schlusse dieses und am Anfange des nächsten Jahrhunderts eine Art von Auferstehung erfuhren.[6] Besonderes Ansehen genoss gerade die Naturlehre der Stoiker, so befremdend uns heute Vieles darin erscheint, und aus ihr ist sogar mehr als aus den übrigen Theilen ihres Systems in die Philosophie anderer Schulen übergegangen. Dem entspricht es, dass in der römischen Rechtsliteratur sich zwar hin und wieder Citate aus der Lecture anderer Philosophen finden, aber schwerlich eine bestimmte Spur dafür, dass ein Jurist die physikalischen Lehren einer andern Secte hat auf sich einwirken lassen. Insbesondere die Aeusserung

4) Ich habe selbst Gelegenheit gehabt, einige solche unberechtigte Behauptungen abzuweisen: Ueber die natürlichen Erzeugnisse 1869. S. 174. 190.

5) Vgl. z. B. die Bemerkung von Bernays heraklitische Briefe 1869. S. 112.

6) Zeller Philosophie der Griechen. 2 Ausg. Bd. 3. a S. 610 697. 717.

des Alfenus Varus in l. 76. D. de jud. 5, 1 — übrigens eine blosse elegante Zuthat, welche zur Entscheidung der dort behandelten Frage nichts beiträgt, sondern nur eine curiose Parallele bringt — wird fälschlich dafür citirt: sie enthält einfach die stoische Lehre von der ῥύσις der Substanz, welche ich selbst noch nachher zu erwähnen haben werde.[7]

Wer nun von den römischen Juristen zuerst die Anleihe unserer Eintheilung bei den Stoikern gemacht hat, ist nicht zu ermitteln. Nur das lässt sich sagen, dass bei keinem der Pandektenjuristen sich ein Anzeichen dafür ergiebt, er habe die fragliche Lehre noch nicht gekannt oder in den Puncten, in welchen sie effectiv wirksam geworden ist, eine andere Theorie befolgt, ausser wenn man aus plerique in l. 23. §. 2. D. de R. V. auf einen Dissens schliessen will. Positiv aus l. 26. §. 1. D. de A. R. D. zu folgern, dass Labeo und sogar schon Servius sie adoptirt hatten, scheint mir bedenklich.[8] Sicherer ist aus l. 5. §. 3. D. de R. V., dass Alfenus Varus und Nerva, und gewiss durch l. 23. §. 5. D. eod. und l. 27. §. 2. D. de A. R. D., dass Cassius, Proculus, Pegasus unsere Begriffe kannten und anerkannten. Danach ist übrigens auch nicht daran zu denken, dass einer der beiden Schulen die Einführung derselben zuzuschreiben wäre. Besondere Mühe scheint sich später Pomponius mit der Lehre gegeben zu haben.

---

7) Sie ist zwar bei den Stoikern nicht original, sondern ihnen von Aelteren und namentlich von Heraklit zugekommen (Vollenhoven de exigua vi, quam philosoph. graeca etc. 1834 p. 105); es versteht sich aber, dass Alfenus sie nicht aus diesen, sondern aus der zu seiner Zeit gangbaren Literatur geschöpft hat. Von den spätern Schulen gehört sie, was Ratjen S. 75. A. 28. ibique citt. zu Unrecht bestreiten, nur den Stoikern an. Man hat die Stelle in alter und neuer Zeit vielfach auf die epicureische Lehre bezogen (D. Gothofredus not. ad. h. l., Ever. Otto bei Slevogt de sectis et philos. ICtor. opusc. Jen. 1724 p. 229. not. f. und Hering ibid. p. 418; Voigt, jus nat. Bd. 1. S. 254). Aber dann verwechselt man die durch particulae minimae wiedergegebenen μέρη der stoischen οὐσία mit den Atomen Epicurs. Letztere waren durchaus nicht in ununterbrochenem Fluss gedacht, sondern sollten, wenn sie bei ihrem schiefen Fall sich zu einem Körper geballt haben, bis zu dessen Auflösung fest bei einander bleiben.

8) Vgl. deshalb noch Abschn. 4. §. 2. Anm. 36.

Für die Reception selbst wird es nicht ohne Einfluss gewesen sein, dass überhaupt nur die stoische Lehre es der Mühe werth erachtet hatte, auf die nähere Betrachtung der alltäglichen Dinge einzugehen, um deren juristische Beurtheilung es sich handelt. Auch ist das Resultat, zu welchem man auf diesem Wege gelangte, obgleich eine bessere Regelung der betreffenden Fragen sich wohl denken lässt, doch immerhin leidlich brauchbar.

Dieser letztere Umstand wieder macht es erklärlich, dass die spätern Juristen an den auf diesem Wege gefundenen Rechtssätzen festgehalten haben, obgleich zu ihrer Zeit die stoische Philosophie kaum noch ihre alte Autorität besass, und obgleich sie selbst vermöge ihres freiern Blicks und der grössern Selbständigkeit ihres juristischen Denkens wohl im Stande gewesen wären, ohne Zuhilfenahme jener Doctrin Normen und zwar geeignetere aufzustellen: sie werden es unterlassen haben, weil die Lehre ihrer Vorgänger in den meisten und praktisch wichtigsten Fällen ihnen den Anforderungen des Rechtslebens zu genügen schien.

Ich habe unsere Lehre und ihre juristische Verwerthung absichtlich nur sehr bedingt gelobt. In der That sind nämlich die fraglichen Begriffe durchaus nicht, wie man neuerdings angenommen hat, völlig derart, dass sie bei unbefangener Betrachtung sich Jedem von selbst ergeben müssten,[9] und zwar abgesehen von den specifisch stoischen und nur aus dem Stoicismus begreifbaren Worten der besonders in l. 30. D. de usurp. enthaltenen Legaldefinitionen. Auch führen sie zu einigen Ergebnissen, mit denen heutzutage weder der gemeine Menschenverstand, noch eine juristische „unbefangene Betrachtung" sich ganz einverstanden erklären wird. Andererseits gelingt es mir vielleicht, zu beweisen, dass in einzelnen Puncten die vermeintliche Uebereinstimmung der römischen Begriffe mit denen, welche die „unbefangene Betrachtung" liefert, nur durch ein Missverständniss der erstern vorgespiegelt worden ist.

---

9) Vollenhoven p. 104; Ratjen S. 76. Voigt jus nat. übergeht sie.

Ich kann übrigens nicht umhin, noch auf einen besondern Nutzen hinzuweisen, welchen ich der hier für meinen nächsten Zweck eingeflochtenen Skizze aus der stoischen Naturlehre zuschreiben möchte. Zu den neuerdings aus ihrer Ruhe gestörten Lehren gehört die Specification. Neben dem Streite über das Fundament für den Eigenthumserwerb des Specificanten bietet besondere Schwierigkeit die Frage, wann überhaupt Specification vorliegt. Für die Antwort lassen sich zwei verschiedene Standpuncte denken: man kann sich von Gründen der Naturbetrachtung leiten lassen oder von der Rücksicht auf die Verkehrsanschauungen. Ich bin weit davon entfernt, hier zu behaupten, dass alle oder einige römische Juristen wirklich, und namentlich, dass sie ausschliesslich der erstern Richtung gefolgt sind. Aber man wird in Erwägung der Reception stoischer Ansichten in der uns hier zunächst beschäftigenden Lehre wenigstens die Wahrscheinlichkeit nicht leugnen dürfen, dass, wenn und soweit sie nicht sich dem andern Gesichtspunct anschlossen, es insbesondere gerade die stoische Naturlehre war, auf welche sie sich stützten. Dass in der Specificationslehre Stoicismus stecke, ist bekanntlich oft behauptet und geleugnet worden; aber Behauptung und Widerspruch haben bisher regelmässig nur auf unvollständiges Material gebaut. Ich hoffe für genauere Prüfung die nothwendige Grundlage dargeboten oder, soweit es nicht geschehen, doch die Richtungen angedeutet zu haben, in welchen die Untersuchung fortgeführt werden müsste. Von einem besondern Fall, der Specification durch Vermischung von Stoffen, liefert bereits die nachfolgende Abhandlung den bestimmten Beweis, dass bei ihm die Juristen sich in der That von der stoischen Physik haben beeinflussen lassen; für alle andern Fälle, in welchen mehr als in jenem die menschliche Thätigkeit die causa efficiens der Aenderung bildet, ist dadurch natürlich nichts präjudicirt.

Erster Abschnitt.

Der Ursprung der Eintheilung der corpora in l. 30. D. de usurp. 41, 3.

---

§. 1.

Die Auffassung der tria genera corporum bei den Neuern.

Bei Gelegenheit einer Erörterung aus der Usucapionslehre trägt in l. 30. pr. D. de usurp. 41, 3 Pomponius folgende eigenthümliche Eintheilung vor:

> Tria ... genera sunt corporum: unum, quod continetur uno spiritu et graece *ἡνωμένον* [1] vocatur, ut homo, tignum, lapis et similia; alterum, quod ex contingentibus, hoc est pluribus inter se cohaerentibus constat, quod *συνημμένον* vocatur, ut aedificium, navis, armarium; tertium, quod ex distantibus constat, ut corpora plura non [2] soluta, sed uni nomini subjecta, veluti populus, legio, grex.

Auf die letzte der drei Kategorieen des Pomponius ist die universitas facti, Sachgesammtheit, Collectiv- oder Gesammtsache unserer Literatur zurückzuführen. Bekanntlich ist man noch heute weder über ihre genauere Begriffsbestimmung, noch über ihre juristische Bedeutung einig.

Ueber die Kriterien der einheitlichen und zusammengesetzten Sachen, wie wir *ἡνωμένα* und *συνημμένα* zu übersetzen pflegen, herrscht eine gewisse Unsicherheit. Allgemein behandelt man

1) Wunderlich genug berichtigt Dankwardt national-ökonom.-civil. Studien Bd. 2. 1869, nachdem er S. 13. A. 1. ganz correct *ἡνωμένον* gegeben, dies im Druckfehler-Verzeichniss durch *ἡμμένον*.

2) Ueber dieses non siehe unten Abschn. 3. §. 4. bei Anm. 9. u. 10.

das uno spiritu contineri nicht als eigentliche Definition, sondern als eine bildliche Wendung.[3] Sehr verbreitet ist die Meinung, ἡνωμένα seien durch die Natur gebildete, συνημμένα durch menschliche Kunst zusammengefügte Sachganze;[4] Alciat hatte von dieser Ansicht ausgehend direct die überlieferten Worte mit φυσικόν und τεχνικόν vertauschen wollen.[5] Andere sehen nicht sowohl auf den Ursprung, als auf die Art der Verbindung der Sachtheile: der Gegensatz soll der von organischer und mechanischer Vereinigung sein,[6] oder von „einfachen Sachen, wie die Natur sie giebt oder menschliche Thätigkeit sie hervorbringt" und „durch Menschenhand mechanisch zusammengesetzten Sachen."[7] Noch andere definiren danach, ob in der Sache für sich bestehende Bestandtheile (was ist dies?) unterschieden werden können oder nicht.[8] Nicht selten endlich operirt man mit den Begriffen von einfachen und zusammengesetzten Sachen, als wären sie selbstverständlich und bedürfte es keiner Feststellung ihrer Unterscheidung.[9]

3) Die Dunkelheit oder Unbestimmtheit dieses uno spiritu contineri veranlasste Hotomannus observ. in Pand. c. 3. die Aenderung una specie vorzuschlagen. Dagegen u. A. Fornerius selection. (Hanov. 1597) 2, 17.

4) Z. B. Gesterding Ausbeute IV, 1, S. 77; Wächter würtemb. Privatr. Bd. 2. S. 234; Kierulff Civilr. S. 319. 320; Böcking Pand. Bd. 1. §. 67. S. 244; Sintenis Civilr. Bd. 1. §. 41. A. 59. S. 430. (2. Aufl.).

5) Praetermiss. libr. 2. unter Berufung auf Demetrius Chalcondilas. Wirklich geschehen ist dies in einer der Fradinschen Ausgaben des Dig. nov., und in sehr vielen Editionen des 16. Jahrhunderts (noch in der von Baudoza 1593) sind φυσικόν und τεχνικόν wenigstens am Rande angemerkt.

6) Vangerow Bd. 1. §. 71. S. 106.

7) Keller Pand. Bd. 1. §. 45. S. 106. Aehnlich Kuntze Inst. Bd. 1. S. 325.

8) Windscheid Pand. Bd. 1. §. 138 S. 375; Unger österr. Privatr. Bd. 1. S. 419. f. Auch Dankwardt S. 14. verlangt für die res composita: künstliche Bildung mit erkenn- und trennbaren Theilen, womit S. 24. Nro. 2 schwer zu vereinigen, da er dort als res unita etwas bezeichnet, was S. 14. ausdrücklich als res connexa qualificirt ist.

9) Z. B. Puchta Pand. §. 35, Inst. Bd. 2. §. 222; Seuffert Pand. Bd. 1. §. 62; Arndts Pand. §. 48. 138.

Bei manchen Schriftstellern, besonders den ältern, wird die Distinction sogar ganz mit Stillschweigen übergangen; sie legen ihr also keine Wichtigkeit bei. Gelegentlich finden wir ihre Bedeutungslosigkeit auch ausdrücklich angemerkt.[10] Die Meisten sind wohl nicht dieser Meinung, stimmen aber wieder in dem Mass der Erheblichkeit nicht überein, welche anerkannt werden soll. Eine Einigung darüber würde gewiss leichter sein, wenn man über eine exakte Formulirung der beiden Begriffe selbst sich verständigen könnte.

Dabei so wenig wie in Betreff der sog. universitas facti dürfen wir uns mit einer blossen Wortinterpretation der dürftigen Erklärungen begnügen, welche die lex 30. cit. selbst uns giebt; wir laufen sonst handgreiflich Gefahr, ihnen diejenigen Vorstellungen unterzulegen, welche unserm eigenen Nachdenken für die in Frage kommenden rechtlichen Beziehungen berücksichtigungswerth erscheinen. Sichere Resultate, obgleich vielleicht nicht solche, welche sich a priori rechtfertigen lassen, und bei denen wir beharren dürfen, wenn es sich de lege ferenda handelt, können wir nur erlangen, wenn wir an die Quelle gehen, woraus die römischen Juristen geschöpft haben: dies ist aber hier nicht ihre eigene Speculation über naturalis ratio gewesen, sondern die Naturlehre der stoischen Philosophie.

Schon die Glosse ist auf den nichtjuristischen Ursprung der Dreitheilung aufmerksam geworden und hat zu unserer l. 30. Seneca angemerkt. Alciat nannte eine Stelle aus Plutarch geradezu als Quelle, woraus Pomponius geschöpft haben sollte.[11]

---

10) Z. B. Ratjen Sells Jahrb. Bd. 3. S. 76; Vollenhofen de exigua vi p. 104. Bezeichnend ist auch die Art, wie Dernburg Pfandr. Bd. 1. S. 454 von unserer Eintheilung spricht.

11) Praetermiss. libr. 2; ihm folgt Hotomannus observ. ad Pand. c. 3. Vielleicht hatte Alciat sein Citat aus den lectiones antiquae des Philologen Caelius Rhodiginus (geb. 1450, gest. 1520 in Padua), welcher libr. 28. c. 23 (Ausg. v. 1666 p. 1577) Plutarch's Vergleich der 3 Sacharten mit der Ehe erwähnt, ohne übrigens an die Pandectenstelle zu erinnern oder sonst genauer auf die Lehre einzugehen. In vielen Ausgaben des Corpus Juris aus dem 16. Jahrh. wird Cälius Rhodig. bei l. 30. am Rande citirt, aber durchgehends mit der falschen Buchzahl 15.

Cujacius sprach es zuerst bestimmt aus, dass die Lehre stoisch sei, und vermehrte die Citate.[12] Sie sind seitdem selten vollständig wiederholt worden und neuerdings sogar meist wieder bis auf die aus Seneca als die bequemsten zusammengeschmolzen. Man hat sich aber auch bisher wenig Mühe gegeben, den eigentlichen Sinn der Eintheilung aus dem Zusammenhange der stoischen Physik zu ermitteln,[13] obgleich ohne diese Untersuchung jene Citate selbst ziemlich müssig sind.

---

§. 2.

Die Parallelstellen zu l. 30. D. de usurp. in der classischen Literatur.

Von den gedachten Parallelstellen berichten einige unsere Eintheilung einfach und ohne ein Wort der Erläuterung, indem sie nur die Namen der angenommenen Arten und zu jeder einige Beispiele anführen.

So jene zuerst von Alciat citirte Aeusserung von Plutarch. praec. conjug. 34 (Wyttenbach tom. 1. p. 562):

Τῶν σωμάτων οἱ φιλόσοφοι τὰ μὲν ἐκ διεστώτων λέγουσιν εἶναι, καθάπερ στόλον καὶ στρατόπεδον· τὰ δὲ ἐκ συναπτομένων, ὡς οἰκίαν καὶ ναῦν· τὰ δὲ ἡνωμένα καὶ συμφυῆ, καθάπερ ἐστὶ τῶν ζῴων ἕκαστον. Σχεδὸν οὖν καὶ γάμος ὁ μὲν τῶν ἐρώντων ἡνωμένος καὶ συμφυής

---

12) Observat. 15, 33. 27, 40.

13) Nur eine flüchtige Erinnerung an das *πνεῦμα διῆκον δι' ὅλου τοῦ κόσμου* findet sich gelegentlich zur Erklärung des uno spiritu contineri, z. B. bei Böhmer de phil. ICtor. Stoica bei Slevogt de sectis p. 186, Ev. Otto de Stoica vet. ICtor. philosoph. ibidem p. 257; die an letzterer Stelle citirte oratio de S. Pomponio von B. H. Reinold habe ich nicht erlangen können. Auch Meister de philos. Romanor. Stoica in doctrina de corporibus eorumque partibus 1756 in dessen Selector. opusculorum sylloge Gott. 1766 p. 507—563 hält sich an der äussersten Oberfläche.

ἐστι· ὁ δὲ τῶν διὰ προῖκας ἢ τέκνα γαμούντων ἐκ συναπτομένων· ὁ δὲ τῶν συγκαθευδόντων ἐκ διεστώτων, οὓς συνοικεῖν ἄν τις ἀλλήλοις, οὐ συμβιοῦν νομίσειεν. Δεῖ δὲ ὥςπερ οἱ φυσικοὶ τῶν ὑγρῶν λέγουσι δι' ὅλων γενέσθαι τὴν κρᾶσιν, οὕτω τῶν γαμούντων καὶ σώματα καὶ χρήματα καὶ φίλους καὶ οἰκείους ἀναμιχθῆναι δι' ἀλλήλων.[1]

Aehnlich wortkarg ist die folgende Anführung der Lehre bei Sextus Empiricus,[2] adv. math. 7, 102 (Bekker p. 211):

Ἐπεὶ δὲ τῶν σωμάτων τὰ μέν ἐστιν ἐκ συναπτομένων ὡς πλοῖα καὶ ἁλύσεις καὶ πυργίσκοι, τὰ δὲ ἐξ ἡνωμένων, ἅπερ ὑπὸ μιᾶς ἕξεως συνέχεται ὡς φυτὰ καὶ ζῶα, τὰ δὲ ἐκ διεστώτων ὡς χοροὶ καὶ στρατιαὶ καὶ ποῖμναι.[3]

Bedeutend ausführlicher äussert sich derselbe Schriftsteller adv. math. 9, 78 (Bekker p. 409):

τῶν τε σωμάτων τὰ μέν ἐστιν ἡνωμένα, τὰ δὲ ἐκ συναπτομένων, τὰ δὲ ἐκ διεστώτων. ἡνωμένα μὲν οὖν ἐστὶ

---

1) Corporum philosophi alia ajunt ex partibus dejunctis constare, ut classem, exercitum, alia ex compactis ut domum, ut navim, alia ex unitis et in unam naturam concretis, ut animalium. Id si huc accommodare libeat, conjugium quoque mutuo amantium ex unitis constat, dotis liberumve gratia cohaerens ex compactis, concubitu solo conjunctorum ex dejunctis, quales contubernio uti quam vitae communitate rectius censeas. Sicut autem humores physici dicunt totos totis permisceri, ita oportet matrimonium contrahentium corpora opes amicos familiaresque invicem confundi (Uebersetzung bei Wyttenbach).

2) Ende des 2. Jahrhunderts p. Chr.? Zeller Philos. d. Griechen 2. Ausg. III. b. S. 6.

3) Nach der Uebersetzung von G. Hervetus in der Ausgabe von Fabricius Lips. 1718: Quoniam autem corporum alia quidem sunt ex iis quae compinguntur, ut naves et catenae et turriculae. Alia ex unitis, quae uno habitu continentur, ut plantae et animalia. Alia autem ex distantibus ac discretis, ut chori et exercitus et greges. — Die hier mit turriculae wiedergegebenen πυργίσκοι übersetzt Petersen p. 56 geradezu mit turres und scheint an wirkliche Thürme, Gebäude, zu denken; aber es sind Schränke in Thurmform — armaria bei Seneca und Pomponius — gemeint, wie schon Fabricius ad h. l. bemerkt unter Berufung auf Artemidor. oneirocrit. (Lips. 1805 ed. Reiff) 1, 74: κίστοι καὶ πυργίσκοι καὶ θησαυροφυλάκια. Vgl. K. F. Hermann, griech. Antiquitäten Bd. 3. §. 20. A. 8. S. 90.

τὰ ὑπὸ μιᾶς ἕξεως κρατούμενα, καθάπερ φυτὰ καὶ ζῷα· ἐκ συναπτομένων δὲ τὰ ἔκ τε (so B. mit Recht statt des τῶν der Handschr.) παρακειμένων καὶ πρὸς ἕν τι κεφάλαιον νευόντων συνεστῶτα ὡς ἁλύσεις καὶ πυργίσκοι καὶ νῆες· ἐκ διεστώτων δὲ τὰ ἐκ διεζευγμένων καὶ [ἐκ] κεχωρισμένων καὶ καθ' αὑτὰ ὑποκειμένων συγκείμενα, ὡς στρατιαὶ καὶ ποῖμναι καὶ χοροί.[4]

Seneca erwähnt unsere Eintheilung in zwei Stellen, in der einen unvollständig, aber in ziemlich breiter Auseinandersetzung, während die andere wieder wenig mehr giebt, als die blossen Namen.

Natur. quaest. 2, 2: Quoniam dixi de partibus, in quas omnis rerum naturae materia dividitur, quaedam in commune sunt dicenda et hoc primum praesumendum, inter ea corpora, a quibus unitas est, aëra esse. Quid sit hoc et quare praecipiendum fuerit, scies, si paulo altius repetiero et dixero, aliquid esse *continuum*, aliquid *commissum*. Continuatio est partium inter se non intermissa conjunctio. Unitas est sine commissura continuatio et duorum inter se conjunctorum corporum tactus. Numquid dubium est, quin ex his corporibus, quae videmus tractamusque, quae aut sentiuntur aut sentiunt, quaedam sint *composita*? Illa constant aut nexu aut acervatione, utputa funis, frumentum, navis. Rursus *non composita*, ut arbor, lapis. Ergo concedas oportet, ex his quoque, quae sensum quidem effugiunt, ceterum ratione prenduntur, esse in quibusdam unitatem corporum. Vide, quomodo auribus tuis parcam. Expedire me poteram, si philosophorum lingua uti voluissem, ut dicerem *unita* corpora: hoc cum tibi remittam, tu invicem mihi refer gratiam. Quare istud? si quando dixero unum, memineris me non ad numerum referre, sed ad naturam corporis, nulla ope

---

4) Et ex corporibus alia quidem sunt unita, alia ex iis quae compinguntur, alia autem constantia ex distantibus ac disjunctis. Et unita quidem sunt, quae ab uno continentur habitu, ut sunt plantae et animantia. Compacta autem, quae constant ex coagmentatis et ad unum spectantibus caput, ut catenae et turriculae et naves. Ex distantibus autem constantia, quae componuntur ex disjunctis et separatis et seorsim per se subsistentibus, ut exercitus et greges et chori.

externa, sed unitate sua cohaerentis. Ex hac nota corporum aër est.

Epist. 102, 6: Quaedam *continua* esse corpora, ut hominem, quaedam *composita*, ut navem, domum, omnia denique, quorum diversae partes junctura in unum sunt coactae, quaedam *ex distantibus*, quorum adhuc membra separata sunt, tanquam exercitus, populus, senatus; illi enim, per quos ista corpora efficiuntur, jure aut officio cohaerent, natura diducti et singuli sunt.

Endlich berichtet uns Achilles Tatius,[5] isagoge in phaenomena Arati c. 14 (in Petavii Uranologion Lut. Par. 1630, p. 134):

Σώματα λέγεται[6] *ὅσα ὑπὸ μιᾶς ἕξεως ἡνωμένα κρατεῖται,*[7] *οἷος λίθος, ξύλον. ἔστι δὲ ἕξις πνεῦμα σώματος συνεκτικόν. Συνημμένα δὲ ὅσα οὐχ ὑπὸ μιᾶς ἕξεως δέδεται, ὡς πλοῖον καὶ οἰκία· τὸ μὲν γὰρ ἐκ πολλῶν σανίδων, ἡ δὲ ἐκ πολλῶν λίθων σύγκειται. Διεστῶτα δὲ ὡς χορός. τῶν δὲ τοιούτων διτταὶ αἱ διάφοραι. τὰ μὲν γὰρ ἐξ ὡρισμένων σωμάτων καὶ ἀριθμῷ ληπτῶν, ὡς χορὸς, τὰ δὲ ἐξ ἀορίστων ὡς ὄχλος.*[8]

---

§. 3.

Die Dreitheilung eine Besonderheit der stoischen Naturlehre.

In den vorstehenden sechs Stellen beweist die fast wörtliche Uebereinstimmung, die überall im Wesentlichen sich wie-

5) Erste Hälfte des 4. Jahrhunderts?

6) So statt *λέγεσθαι* zu lesen, wie Petavius selbst am Rande bemerkt und der ganze folgende Satzbau beweist.

7) Ueber die Wahrscheinlichkeit, dass diese Wortfolge zu ändern: *σώματα λέγεται ἡνωμένα ὅσα κ. τ. λ.* siehe unten Abschn. 3. §. 1. am Anf.

8) Corpora vocantur ea, quae uno habitu juncta continentur, ut lapis et lignum; habitum voco spiritum, qui corporis continendi vim habet. Coagmentata dicuntur, quae non uno habitu colligata sunt, ut navis et domus, quarum illa pluribus ex tabulis, haec multis ex lapidibus componuntur. Disjuncta sunt, ut chorus. Horum duplex est differentia. Quaedam enim ex definitis corporibus constant ac certo numero comprehensis, ut est chorus; alia nullo numero circumscriptis, ut turba. (Uebersetzung bei Petavius.)

derholende Reihe der Beispiele, dass wir es mit einer gewissen schematisch feststehenden Lehre zu thun haben. Dass Achilles Tatius bei den ἐκ διεστώτων eine besondere Unterdivision macht je nach der Bestimmtheit oder Unbestimmtheit der Gliederzahl, ist für die obere Eintheilung selbst unerheblich. Wenn ferner Seneca in der Stelle aus den naturales quaestiones nur das erste und zweite der sonst regelmässig auftretenden drei Glieder erwähnt, so erklärt sich dies aus dem Zweck und Zusammenhang der dortigen Erörterung, welche das Hereinziehen der dritten Einheitsart unnöthig machten. Jedenfalls beweist die Vollständigkeit der Aufführung in dem Citat aus seinen Briefen zur Genüge, dass er von der Tradition durchaus nicht abwich; es ist namentlich nicht daran zu denken, dass er, wie Manche gemeint haben,[1] überhaupt nur eine Dichotomie statuirt hätte, indem ihm die corpora ex distantibus nicht als selbständige Art, sondern als gemischt aus der ersten und zweiten (?) erschienen wären.

Es ist aber diese traditionelle Lehre, wie allseitig anerkannt wird, Eigenthum der stoischen Schule.[2] Dies ergiebt sich zwar nicht unmittelbar aus den abgedruckten Stellen, ausser sofern aus dem Vortrage bei Seneca schon an sich eine Vermuthung dafür entnommen werden kann, wohl aber aus dem in dieser Verwendung nur den Stoikern angehörigen Terminus ἕξις und aus der ganzen Reihe von speciellern Erörterungen stoischen Ursprungs über die fraglichen Begriffe, welche ich selbst später noch beizubringen habe, vor Allem aber aus dem Zusammenhange, in welchem dieselben innerlich mit der gesammten vielfach ganz eigenthümlichen Naturanschauung dieser Schule stehen.

1) So Noodt probabil. jur. civ. 1, 12. und Schaumburg jurispr. vet. ICtor. Rom. stoica Jen. 1745 p. 249. sq.

2) Aus der neuern Literatur der Geschichte der Philosophie führe ich an: Tiedemann Syst. der stoischen Philosophie Th. 2. 1776 S. 79. 173. erwähnt die Eintheilung nur beiläufig; ebenso begnügen sich Ritter Gesch. der Phil. Bd. 3. S. 575 und Zeller Phil. der Griechen Bd. III. a. S. 87. A. 2. (2. Ausg.) im Wesentlichen mit der Wiedergabe der Quellenworte. Am ausführlichsten geht darauf ein Petersen Stoicor. inprimis Chrysippi de categ. doctr. Hamb. 1827 p. 55. sq.

Schon dieser innere Zusammenhang charakterisirt sie auch als eigenstes Product des Stoicismus, so dass wir berechtigt und selbst genöthigt sind, uns zur Erklärung ausschliesslich an die Doctrinen dieser Schule zu halten. Nur dass sie vielleicht von Heraklit stammen könnte, soll nicht geleugnet werden, obgleich meines Wissens ein besonderes Anzeichen dafür nicht vorhanden ist; verdanken doch die Stoiker ihm überhaupt die Grundlagen ihrer Physik. Aber sicher grundlos ist es, wenn man, wofür Beweis erfordert werden müsste, den Ursprung des fraglichen Schema's bei den Pythagoräern gesucht hat,[3] und ebensowenig kann Aristoteles als Urheber angesehen oder ihm ein erheblicher Einfluss zugeschrieben werden.[4]

Cujacius[5] war geneigt, die Erfindung bei den Mathematikern zu suchen und speciell den Astronomen Konon von Samos, der im 3. Jahrhundert vor Christus lebte, für den Urheber zu halten, von welchem die Stoiker sie erst entlehnten. Hätte Konon sie überhaupt vorgebracht, so könnte er freilich umgekehrt sie erst von Zeno überkommen haben, wenn, was allerdings unsicher, bereits dieser Stifter des Stoicismus sie aufge-

---

3) Dies meint Petersen p. 55. not., weil bei Sext. Empir. adv. math. 7, 102. die Dreitheilung mitten in die von §. 94 an vorgetragene pythagoräische Zahlenlehre eingeflochten ist. Ritter S. 686. nimmt dagegen an, dass das in §. 93 begonnene Citat aus Posidonius sich in §. 94 fortsetze und auch die §§. vor und nach §. 102 noch einschliesse, und er folgert daraus, dass Posidonius das pythagoräische Zahlensystem mit den stoischen Anschauungen zu verbinden gesucht habe. In der That reicht aber die Anführung aus Posidonius nicht über §. 94 hinaus (Zeller S. 514. Anm. 5). Die Stelle beweist nur, dass die spätern Pythagoräer sich mit dem Nachweis bemüht haben, der von den Stoikern aufgestellte Einheitsbegriff sei mit ihrer eigenen Zahlentheorie nicht unvereinbar.

4) Köler meint in seiner Ausgabe der natur. quaest. von Seneca (Gott. 1819) zu II, 2. S. 323, der Einheitsbegriff der Stoiker sei aus dem des Aristoteles geflossen: auch dann würde die Art, wie die Einheit eingetheilt wird, Originalwerk der Stoa sein; überdies ist das aristotelische *συνεχές* nicht der Gegensatz zur Vielheit, sondern zum *διωρισμένον* (vgl. Trendelenburg, histor. Beitr. z. Philos. Bd. 1. Geschichte der Kategorienlehre 1846 S. 80 ff.).

5) Observat. 15, 33.

stellt haben sollte. Die ganze Annahme von **Cujacius** beruht aber auf einem an eine falsche Lesart anknüpfenden Missverständnisse des Zusammenhangs, in welchem Achilles Tatius in der oben abgedruckten Stelle die Eintheilung erwähnt. [6] In der mathematischen Literatur findet sich überhaupt nicht diese oder eine ähnliche Dreitheilung, sondern nur eine Dichotomie, bei welcher es sich einfach um die Möglichkeit des Zählens handelt. Es wird in ihr die Einheit, auf welche nur der Grössenbegriff anzuwenden, und die Mehrheit unterschieden, an welche der Begriff der Zahl anknüpft. Die einzige Verwandtschaft mit der stoischen Dreitheilung ist die, dass zur Bezeichnung der Einheit neben den der stoischen Literatur fremden Worten *συνεχές* und *ἀλληλουχούμενον* auch *ἡνωμένον* dient. Ganz falsch und vollkommen willkürlich ist daher auch der Versuch von

---

6) Achilles Tatius spricht in jener Stelle über den Unterschied von Stern, *ἀστήρ*, und Sternbild oder Gestirn, *ἄστρον*. Er bemerkt, dass beide Worte bisweilen verwechselt werden und führt als Beispiel den Vers aus Kallimachos an: *πρὶν ἀστέρι τῷ Βερενίκης*: das damit gemeinte Haar der Berenice bestehe doch aber aus 7 Sternen, sei also vielmehr ein *ἄστρον* (*ἐπὶ τοῦ πλοκάμου φησὶν, ὃς ἐξ ἑπτὰ καταφανῶν σύγκειται*). Er flicht dabei eine Notiz über die Auffindung dieses Sternbildes ein: *τοῦτον δὲ τὸν πλόκαμον οὐκ οἶδεν Ἄρατος, παρετήρησε δὲ Κόνων ὁ μαθηματικός*: in der That fehlt das Sternbild in Arati phaenom. 148 (ed. Matthiae 1817 p. 9), während es Eratosthenes *καταστερισμοί* 12. (ibid. p. 51) an dieser Stelle einschaltet; die Entdeckung und Benennung durch Konon wird umständlich erzählt in Hygin. poet. astronomicon 2, 24. (Mythographi lat. ed. **Staveren**, Lugd. Bat. et Amst. 1742, p. 476); eine Anspielung darauf Catull. 66, 7. Nach dieser Einschaltung bringt er zur Demonstration jenes Unterschieds von *ἀστήρ* und *ἄστρον* die oben abgedruckte Eintheilung: *σώματα λέγεται κ. τ. λ.*, und folgert dann: *εἴη οὖν ὁ μὲν ἀστὴρ σῶμα ἡνωμένον, τὸ δὲ ἄστρον ἐκ διεστώτων καὶ ὡρισμένων· ἀριθμὸς γὰρ ἀστέρων ἐφ᾽ ἑκάστου δείκνυται.* **Cujacius** hat sich durch die falsche Lesart *λέγεσθαι* verführen lassen, *παρετήρησε Κόνων*, womit die Parenthese über die coma Berenice abschliesst, nicht auf diese, sondern auf die folgende Auseinandersetzung *σώματα κ. τ. λ.* zu beziehen, als wäre diese dasjenige, was *Κόνων παρετήρησε*, obgleich schon der ganze Satzbau von *σώματα* an beweist, dass *λέγεται* zu lesen ist. Zu bemerken ist hierbei, dass die Auffassung der Gestirne als *σῶμα ἐκ διεστώτων* auch sonst sich bei den Stoikern findet: vgl. Antonin. ad se ips. 9, 9 und siehe unten Abschn. 3. §. 4. bei Anm. 1. u. 2. —

jacius,[7] beide Unterscheidungen mit einander zu combiniren: das συνεχές oder ἡνωμένον sei entweder ἡνωμένον im engern Sinne oder συνημμένον; die Vielheit der Mathematiker sei identisch mit dem ἐκ διεστώτων der Stoiker und zerfalle — wie aus Achilles Tatius hervorgehe — in Vielheiten mit feststehender und mit unbestimmter Zahl. Die Stoiker fassen doch ihr σῶμα ἐκ διεστώτων überhaupt nicht als Mehrheit, sondern gerade als Einheit auf; die Mathematiker aber theilen ihr διῃρημένον oder πλῆθος niemals in der vorausgesetzten Weise, und sie kennen keine Mehrheiten mit unbestimmter Zahl.[8] Den

---

7) Ihm folgt Meister, p. 519, mit dem Bemerken, dass sich daraus auch Seneca, nat. quaest. 2, 2 erkläre; er spreche nur von den ἡνωμένα im weitern Sinn und habe darum nur die zwei Abtheilungen, continuum und compositum.

8) Cujacius beruft sich in Betreff der mathematischen Dichotomie nur auf Boethius und den interpres Dionysii Theologi d. h. die Scholien des Maximus Confessor oder Abbas (circa 580 — 662) zum sog. Dionysius Areopagita (vgl. Wagemann in Herzog's Realencyclopädie für prot. Theol., 2. Suppl.-Bd. 1866, S. 114). Deren Quelle ist aber der Neupythagoräer Nicomachus von Gerasa aus dem 2. Jahrh. p. Chr. In dessen isagoge arithmet. 1, 2, 4 (ed. Hoche, Progr. des Gymn. zu Wetzlar 1862) heisst es:

τῶν τοίνυν ὄντων τῶν τε κυρίως καὶ τῶν καθ' ὁμωνυμίαν, ὅπερ ἐστὶ νοητῶν τε καὶ αἰσθητῶν, τὰ μέν ἐστιν ἡνωμένα καὶ ἀλληλουχούμενα, οἷον ζῶον δένδρον κόσμος τε καὶ τὰ ὅμοια, ἅπερ κυρίως καὶ ἰδίως καλεῖται μεγέθη· τὰ δὲ διῃρημένα τε καὶ ἐν παραθέσει καὶ οἷον κατὰ σωρείαν, ἃ καλεῖται πλήθη, οἷον ποίμνη δῆμος χορὸς σωρὸς καὶ τὰ παραπλήσια.

Von Nicomachus hat sie Jamblichus übernommen: in Nicomachi arithm. introd. ed. Tennulius, 1668 p. 6 C. (wörtlich ebenso in der Schrift περὶ τῆς κοινῆς μαθημ. ἐπιστήμης bei Villoison anecd. graec. tom. 2. p. 196):

ἡ τοῦ συνεχοῦς καὶ τοῦ διῃρημένου φύσις πᾶσι τοῖς οὖσιν, ὅπερ ἐστὶ τῇ τοῦ παντὸς κόσμου συστάσει διττῶς συνεπινοεῖται, τοῦ μὲν διῃρημένου κατὰ παράθεσίν τε καὶ σωρείαν, τοῦ δὲ συνεχοῦς κατὰ ἕνωσίν τε καὶ ἀλληλουχίαν. Κυρίως δὲ τὸ μὲν συνεχὲς καὶ ἡνωμένον καλοῖτ' ἂν μέγεθος, τὸ δὲ παρακείμενον καὶ διῃρημένον πλῆθος κ. τ. λ.

Auf Nicomachus ist dann auch die Stelle in des Boethius' Arithmetik 1, 1

Gegensatz des mathematischen Einheitsbegriffs zu der hier fraglichen Vorstellung von Einheit spricht auch Seneca, quaest. nat. 2, 2, 4., ausdrücklich aus: si quando dixerim unum, memineris, me non ad numerum referre, sed ad naturam corporis.

Hervorheben möchte ich schliesslich, weil es dazu beitragen kann, um die Aufnahme der Lehre seitens der Juristen erklärlich zu machen, die gewisse Popularität, deren dieselbe genossen zu haben scheint. Bei Plutarch, der die Stoiker selbst sehr wenig liebt, müssen die tria genera corporum sogar zu einem witzigen Vergleich für die verschiedene Innigkeit der Ehen den Stoff liefern: er würde kaum haben auf Beifall rechnen dürfen, wenn seinem Publicum jene Unterscheidung nicht geläufig war, welche οἱ φιλόσοφοι machten, wie er die Stoiker mit ihrer populären Physik schlechtweg bezeichnet. Auch in manchen gelegentlichen Erwähnungen des einen oder andern Begriffs oder sonstigen Aeusserungen spiegelt sich die Gangbarkeit der Di-

---

(oper. ed. Basil. 1570, p. 1296) wie diese ganze Schrift (Bähr Gesch. der röm. Lit., 3. A. Bd. 2. S. 508), zurückzuführen:

> Essentiae autem geminae partes sunt, una continua et suis finibus juncta nec ullis finibus distributa ut arbor, lapis et omnia mundi hujus corpora, quae proprie magnitudines appellantur. Alia vero disjuncta a se et determinata partibus et quasi acervatim in unum redacta concilium ut grex, populus, chorus, acervus et quidquid eorum, quorum partes propriis extremitatibus terminantur et ab alterius fine discretae sunt. his proprium nomen est multitudo.

Aehnlich Cassiodorus de anima cap. 11. Sei es endlich aus Nicomachus direct, sei es aus Jamblichus, stammt die Stelle des Maximus, schol. in S. Dionys. Areopag. libr. de divin. nomin. c. 4 ad verb. ἐκεῖθεν αὐταῖς (in Oper. S. Dionys. acc. Maximi scholia etc. op. Lansselii Lut. Par. 1615, p. 128), welche dieselbe Eintheilung mit denselben Definitionsworten und denselben Beispielen erwähnt. Es dürfte übrigens die Nicomachische Eintheilung ihrerseits zurückzuführen sein auf die beiden Arten der aristotelischen Kategorie des ποσόν (Trendelenburg hist. Beitr. Bd. 1. S. 80); nur die Termini sind verändert, besonders durch die Aufnahme des sonst nur bei den Stoikern üblichen Worts ἡνωμένον als Synonym. von συνεχές, und dadurch ist die Herkunft der Begriffe etwas verdeckt.

stinction.[9] Sie war wohl auch der Grund, weshalb andere, jüngere Philosophenschulen sich derselben zu accomodiren suchten, obgleich sie es bei der Differenz der Grundanschauungen anders als ganz äusserlich nicht zu thun im Stande waren.

---

9) Z. B. in dem Gebrauch der Definitionsworte bei Quintil. inst. orat. 11, 2, 1: totus, de quo diximus adhuc, inanis est labor, nisi ceterae partes hoc velut spiritu (nämlich memoria) continentur.

Zweiter Abschnitt.

Einiges aus der stoischen Physik zur Erläuterung der Eintheilung.

---

§. 1.

Materie (*οὐσία*) **und Seele** (*ἕξις*).

Ein Körper soll ein *ἡνωμένον*, unitum sein, besagt die Definition des ersten Gliedes unserer Eintheilung, wenn er *μιᾷ ἕξει συνέχεται*, uno spiritu continetur.[1] Um dies zu verstehen, müssen wir uns mit den Grundzügen der stoischen Anschauung von der Natur überhaupt bekannt machen. Diese letztere ist in Kürze folgende.[2]

Zwei principia sind es, welche die Welt bilden, beide körperlich im stoischen Sinne d. h. reell, aber von wesentlich verschiedenem Charakter: Materie und Geist. Sie verhalten sich zu einander als patiens und agens, Passivität und Activität.

Das Princip der Thätigkeit, der Gott in der Welt, wird als eine Art von Hauch, ein luftartiges, erwärmendes Wesen, *πνεῦμα*, *οὐσία ἀεροειδής*,[3] *πνεῦμα νοερὸν καὶ πυρῶδες*[4]

---

1) Vgl. Alexand. Aphrodis. de mixt. 143 (nach dem Citat von Zeller S. 87. A. 2): *ἀνάγκη δὲ τὸ ἓν σῶμα ὑπὸ μιᾶς, ὥς φασιν, ἕξεως συνέχεσθαι*.

2) Hauptstellen: Sext. Empir. adv. math. 9, 75. sqq.; Diogen. Laert. 7, 134; Senec. epist. 65. Als Hilfsmittel habe ich besonders benutzt: Lipsius physiologia Stoicor. ed. 2. Antverp. 1610; Ritter S. 561 ff.; Zeller S. 26—340.

3) Diogen. Laert. 7, 148.

4) Plutarch. de plac. phil. 1, 6. Wyttenbach tom. 4. p. 536; Stobaei ecl. 1, 3, 28 ed. Heeren p. 58.

beschrieben, auch als Feuer, Lebenswärme,[5] als ein ausserordentlich feiner Aether.[6]

Diese Weltseele, obgleich in sich selbst einheitlich, hat doch in ihren verschiedenen Theilen eine sehr verschiedene Beschaffenheit. Ihr am feinsten gebildeter Abschnitt, das *ἡγεμονικόν*, hat seinen Sitz nach den Einen in der Sonne,[7] nach Andern in der Erde[8] oder im obersten Aether, d. i. den dünnsten Schichten der Luft.[9] Die Weltseele durchdringt aber auch in abgestufter Intensität und Vollendung oder Feinheit die gesammte Materie[10] als deren *ψυχὴ καθολική*,[11] als die mens universi.[12] Sie ist es, welche die Materie nach den ihr innewohnenden *λόγοι σπερματικοί* als ein *πῦρ τεχνικόν* oder *τεχνοειδής*[13] bestimmt und gestaltet; denn an sich selbst ist die Materie eine *ἄποιος οὐσία*, *ὕλη*, form- und eigenschaftslos.[14]

Die erste Bestimmung, welche sie von der Weltseele erhält, und durch welche diese aus ihr wirkliche Körper, *εἴδη*, *ὄντα*, schafft, ist die Scheidung in die vier Elemente: Feuer, Luft, Wasser und Erde.[15] Die einzelnen Dinge in dieser Welt bilden sich demnächst dadurch, dass der göttliche Geist diese Elemente theilt und Partikeln der einen mit Partikeln der andern in Verbindung setzt, sie vermischt und zwar so, dass sie einander nicht bloss durchdringen, sondern in einander übergehen, so dass dann nicht mehr nur zwei denselben Raum erfüllende, aber in ihrem Wesen jedes unveränderte, sondern

5) Cic. de nat. deor. 2, 9, 25 sqq.

6) Boëthus ap. Stob. 1, 3, 28. Heeren p. 60; Cic. de nat. deor. 1, 14, 36. acad. quaest. 2, 41, 126.

7) Cleanthes ap. Stob. 1, 22, 6. p. 452.

8) Archidamas ap. Stob. l. c.; Euseb. praep. 15, 15.

9) Antipater ap. Diogen. Laert. 7, 139.

10) Diog. Laert. 7, 138: *τὸν δὲ κόσμον διοικεῖσθαι κατὰ νοῦν καὶ πρόνοιαν, καθά φησι Χρύσιππος ... καὶ Ποσειδώνιος ... εἰς ἅπαν αὐτοῦ μέρος διήκοντος τοῦ νοῦ, καθάπερ ἐφ' ἡμῶν τῆς ψυχῆς, ἀλλ' ἤδη δι' ὧν μὲν μᾶλλον, δι' ὧν δὲ ἧττον.*

11) Antonin. ad se ips. 6, 14.

12) Senec. quaest. nat. 1, praef. 12.

13) Stobaeus 1, 3, 28. p. 64 sq.

14) Senec. epist. 65: materia jacet iners, cessatura, si nemo moveat.

15) Chrysippus ap. Stob. 1, 12, 5. p. 324.

ein neues Ding neuer Art aus ihrer Vereinigung, τῇ εἰς ἄλληλα στοιχείων μεταβολῇ entsteht.[16]

In dem einzelnen so gebildeten Dinge wiederholt sich jene Duplicität des Naturganzen: es setzt sich zusammen aus dem abgesonderten Theil der allgemeinen οὐσία oder ὕλη, selbst οὐσία dieses Dings genannt,[17] und aus dem diese Substanz durchdringenden Theile der allgemeinen Weltseele.

Technischer Ausdruck für dieses zweite Element in den Naturdingen ist: ἕξις.[18] Man darf dies Wort hier nicht, wie neuere Schriftsteller sehr häufig thun, mit habitus, Eigenschaft, übersetzen;[19] es ist vielmehr zu unterscheiden von der ἕξις der übrigen Philosophen und besonders des Aristoteles. Letztere, mit διάθεσις parallel, ist zwar auch an sich eine Activität, jedoch in Bezug auf das Subject passiv, ein ἐχόμενον.[20] Passend

16) Diog. Laert. 7, 142. Chrysipp. ap. Stob. 1, 11, 16. p. 312. Falsch bei Ritter S. 604, welcher in der die einzelnen Dinge bildenden Mischung die einfachen Bestandtheile ihre besondere Natur bewahren lässt. Zeno brauchte für jene Verbindung τῇ εἰς ἄλληλα στοιχείων μεταβολῇ bisweilen das Wort σύγχυσις (Stob. 1, 12, 5. Heeren p. 323), bisweilen aber auch κρᾶσις (Stob, 1, 18, 1. p. 370), während die andere Vereinigungsweise, welche die gemischten Dinge in sich unverändert lässt, bei ihm μίξις heisst. Bei den Spätern ist σύγχυσις ausschliesslich der technische Ausdruck für die ein neues Wesen schaffende Verbindung geworden; κρᾶσις dagegen bezeichnet ihnen bei flüssigen, μίξις bei festen Substanzen die Verbindung geringerer Art. Vgl. darüber unten §. 2 bei Anm. 30. u. ff. Aus der Nichtbeachtung der erst später geschehenen Fixirung dieses Sprachgebrauchs stammt der Irrthum Ritters: er glaubt auch bei Zeno κρᾶσις im jüngern Sinn des Worts gesagt und überträgt, was die spätern Stoiker bei der von ihnen sog. κρᾶσις annahmen, auf die von Zeno noch κρᾶσις genannte σύγχυσις.

17) Vgl. über diesen doppelten Gebrauch des Worts οὐσία: Diog. Laert. 7, 150.

18) Vgl. über die stoische ἕξις besonders Villoison, theolog. phys. Stoicor. in Osann's Ausgabe des Cornutus de nat. deor. Gott. 1844 p. 515. und Gatacker ad Antonin. 6, 14 in seiner Ausgabe des letztern Cantabr. 1652 p. 225 sq., im Gegensatz zu den völlig willkürlichen Bemerkungen von Salmasius animad. in Epict. et Simplic. Lugd. Bat. 1640 p. 130.

19) So z. B. auch Ritter S. 567 und sonst mehrfach; Zeller S. 87. Vgl. unten S. 27. A. 6.

20) Vgl. über den aristotelischen, vielfach adoptirten Begriff von ἕξις: Trendelenburg ad Aristotel. de anima 1833 p. 310.

ist hier nur die Uebersetzung: „Halt“ des Dinges, tenor,[21] auch wohl Kraft:[22] sie ist etwas actives, das *ἔχον* oder *συνέχον* der Sache, das, was die Materie derselben zusammenhält, beherrscht und bestimmt.[23]

Es ist eben ein Theil jenes allgemeinen Princips der Activität, des spiritus omnia continens, welches uns hier als *ἕξις* des einzelnen Dings entgegentritt.[24] Wie das grosse Ganze der Weltseele, wird auch die *ἕξις* als ein Feuer[25] oder eine Luft bezeichnet,[26] nicht dass dabei an wirkliches, elementarisches Feuer oder eigentliche Luft zu denken wäre, wie durch unabsichtliches oder auch vorgegebenes Missverständniss den Stoikern bisweilen imputirt wurde[27] — sondern nur um das ätherische

---

21) So Pseudo-Censorinus fragm. c. 1. Jahn p. 75. Vgl. Trendelenburg Beitr. Bd. 1. S. 225. A. 1. Siehe auch das *ὑπὸ μιᾶς ἕξεως κρατούμενα* bei Sext. Emp. 9, 78.

22) So nicht übel Tiedemann Bd. 2. S. 46. Aehnlich Bernays die heraklitischen Briefe 1869 S. 55 Anm.: „der stoische Terminus für die jedes Einzelwesen zusammenhaltende Kraft der Individualität.“

23) Auch bei den Stoikern findet sich neben dieser ihnen durchaus eigenthümlichen, für sie technischen Verwendung das Wort *ἕξις* bisweilen in jenem andern, passiven Sinn (als *ἐχόμενον*): Diog. Laert. 7, 98 und die Stellen bei Zeller S. 87. Anm. 2. a. E. Doch thun letzterer und Petersen Unrecht, wenn sie beide Bedeutungen mit einander zu vereinigen suchen. Dieselben gehen vielmehr unabhängig nebeneinander her; gerade so werden die nachher zu erwähnenden Worte *φύσις* und *ποιόν* von den Stoikern ausser in dem ihnen eigenthümlichen Sinn, worin sie bei ihnen technisch sind, ebenfalls gelegentlich in ihrer gemeingewöhnlichen Bedeutung gebraucht.

24) Nemesius de nat. hom. lib. 2. (Gatacker p. 226): *ζῆν μὲν λέγουσι καὶ πάντα ἄψυχα ἑκτικὴν ζωήν, καθ᾽ ὃ συνέχεται ὑπὸ τῆς τοῦ παντὸς ψυχῆς τῷ εἶναι καὶ μὴ διαλύεσθαι.*

25) Zeno bei Stobaeus 1, 26, 3. Heeren p. 538.

26) Plutarch. de repugn. Stoicor. 43: *οὐδὲν ἄλλο τὰς ἕξεις πλὴν ἀέρας εἶναί φασιν.* Senec. nat. quaest. 2, 6. sq.

27) Diese Verwechselung findet sich schon bei Augustin. de civ. dei 8, 8 und, sichtlich beabsichtigt, bei Plutarch. adv. Stoic. de comm. not. 49: *γῆν μὲν γὰρ ἴσασι καὶ ὕδωρ οὔτε αὑτὰ συνέχειν οὔτε ἕτερα· πνευματικῆς δὲ μετοχῇ καὶ πυρώδους δυνάμεως τὴν ἑνότητα διαφυλάττειν· ἀέρα δὲ καὶ πῦρ αὑτῶν τ᾽ εἶναι δι᾽ εὐτονίαν ἐκτατικὰ καὶ τοῖς δυσὶν ἐκείνοις ἐγκεκραμένα τόνον παρέχειν καὶ τὸ μόνιμον καὶ οὐσιῶδες.*

und belebende Wesen dieses Geisteshauchs zu beschreiben,[28] statt des abstracten Ausdrucks *πνεῦμα*, anima oder spiritus, welche beiden letztern Worte Seneca gebraucht, um das lateinisch nicht exact wiederzugebende *ἕξις* zu ersetzen.

Die *ἕξις*, das *πνεῦμα σώματος συνεκτικόν* (Achilles Tatius), *πνεῦμα συνέχον καὶ συγκρατοῦν τὰ μέρη*,[29] wird nicht als in dem fertigen Ding ruhend gedacht, sondern zu dessen Erhaltung in stets wechselnder Spannung[30] und in Kreislauf-Bewegung von der Mitte des Dings zu dessen äussern Grenzen und wieder zur Mitte zurück.[31] Der Geist beschränkt sich jedoch nicht in allen Dingen auf diese nur das einmal Gebildete erhaltende Thätigkeit; er erfährt vielmehr in vielen eine Erhöhung seiner Subtilität und damit seiner Kraft zur *φύσις*, *ψυχή* und *λόγος*.[32] Alle drei sind nicht von der *ἕξις* dem Wesen nach

---

28) Cic. de nat. deor. 2, 9, 25 und sonst, bezeichnet die stoische *ἕξις* gern durch calor.

29) Villoison bei Osann p. 516.

30) Daher *πνευματικὸς τόνος* (Villoison l. c.), *τόνος ἀερώδης* (Chrysippus bei Plutarch. de repugn. Stoicor. 43). Davon auch Sextus Empiric. 9, 82: *τὰ γὰρ ὑπὸ ἕξεως κρατούμενα οὐδεμίαν ἀξιόλογον μεταβολήν τε καὶ τροπὴν ἀναδέχεται, καθάπερ ξύλα καὶ λίθοι, ἀλλὰ μόνον ἐξ αὐτῶν πάσχει τὴν κατὰ ἄνεσιν καὶ τὴν κατὰ συμπιεσμὸν διάθεσιν* (Fabricius: per relaxationem et compressionem).

31) Chrysippus bei Stob. 1, 18 p. 374: *εἶναι τὸ ὂν πνεῦμα κινοῦν ἑαυτὸ πρὸς ἑαυτὸ καὶ ἐξ ἑαυτοῦ, ἢ πνεῦμα ἑαυτὸ κινοῦν πρόσω καὶ ὀπίσω.* Pseudo-Censorin. fr. de natur. inst. c. 1. p. 75 Jahn: initia rerum eadem elementa et principia dicuntur. Ea Stoici credunt tenorem et materiam. Tenorem, qui rarescente materia a medio tendat ad summum, eadem concrescente rursus a summo referatur ad medium. Philo de mundo p. 1154 (nach Villoison bei Osann p. 515): *ἕξις ἐστὶ πνεῦμα ἀναστρέφον ἐφ' αὑτό. ἄρχεται μὲν γὰρ ἀπὸ τῶν μέσων ἐπὶ τὰ πέρατα τείνεσθαι. ψαῦσαν δὲ ἄκρας ἐπιφανείας ἀνακάμπτει πάλιν, ἄχρις ἂν ἐπὶ τὸν αὐτὸν ἀφίκηται τόπον, ἀφ' οὗ τὸ πρῶτον ὡρμήθη. ἕξεως ὁ συνεχὴς οὗτος δίαυλος ἄφθαρτος.* Sonstige Citate aus Simplicius u. A. bei Zeller S. 119 A. 4.

32) Ueber die betreffende Lehre (Salmasius in Epictet. p. 302. sq.; Ritter S. 604; Zeller S. 178.) siehe Sext. Empiric. adv. math. 9, 81. Senec. ep. 58, 10 sq. Antonin. 6, 14 und besonders ausführlich und aufklärend Origenes, de orat. c. 6 ed. Lommatzsch t. 17. p. 107. und philocal. c. 21. Lommatzsch t. 25. p. 164.

verschieden, sondern nur Steigerungen, höhere Stufen derselben,[33] Annäherungen zu der höchsten Qualität, welche das πνεῦμα in dem ἡγεμονικόν der ganzen Welt erlangt. Es ist auch nie die ganze ἕξις, sondern immer nur ein in einem bestimmten Ort der Sache wohnender Theil derselben, welcher die feinere Beschaffenheit aufweist und dann ebenfalls gleichsam das ἡγεμονικόν des Einzeldings ausmacht.

Die ἕξις ψιλή wird zugeschrieben dem Erdboden im Ganzen,[34] dem abgeschnittenen, nicht weiter vegetirenden Holz, dem ausgegrabenen Stein. Die Erhöhung zur φύσις dagegen,[35] kraft deren der Sachkörper nicht bloss einer von aussen veranlassten Bewegung (κίνησις) fähig ist, sondern auch eine eigene Bewegung von Innen nach Aussen, Wachsthum, Entwicklung neuer Theile zeigt,[36] findet sich in dem Gestein, so lange es in seiner natürlichen Lagerstätte verbleibt, vor Allem aber in der lebenden Pflanze — bald in deren Wurzeln, bald in den Blättern oder in dem Mark.[37] In beiden ist sie eine locale Steigerung der ἕξις des Erdbodens, in welchem der Stein ruht, die Pflanze wurzelt. Auch bei den Thieren ist das organische Leben Wirkung der φύσις,[38] welche den ganzen Körper beseelt, mit Ausnahme jedoch namentlich der Knochen, in welchen das πνεῦμα auf der Stufe der ἕξις ψιλή verharrt.[39] Aber in dem Herzen des

---

33) Diog. Laert. 7, 148: ἔστι δὲ φύσις ἕξις ἐξ αὑτῆς κινουμένη κτλ.

34) Diog. Laert. 7, 139 verb.: διὰ δὲ τῆς γῆς αὐτῆς καθ' ἕξιν.

35) Neben dieser technischen Verwendung heisst auch bei den Stoikern φύσις bisweilen das Naturgemässe (Diog. Laert. 7, 87) und das Naturnothwendige (Stob. 1, 6, 15 p. 178. 180). Gelegentlich steht übrigens φύσις für das die Dinge durchdringende πνεῦμα überhaupt, auch wo es bloss ἕξις ist: Diog. Laert. 7, 156.

36) Diog. Laert. 7, 148.

37) Sext. Empir. adv. math. 9, 119. Cic. de nat. deor. 2, 11, 29.

38) Sext. Empir. adv. math. 9, 84: καὶ γὰρ τὰ ὑπὸ ψυχῆς κρατούμενα πολὺ πρότερον ὑπὸ φύσεως συνείχετο.

39) Diog. Laert. 7, 139: δι' ὧν μὲν γὰρ ὡς ἕξις κεχώρηκεν, ὡς διὰ τῶν ὀστῶν καὶ διὰ νεύρων, δι' ὧν δὲ ὡς νοῦς, ὡς διὰ ἡγεμονικοῦ. Philo de mundi immortal. (Gatacker p. 226): ἡ μὲν ἕξις κοινὴ καὶ τῶν ἀψύχων ἐστὶ, λίθων καὶ ξύλων, ἧς μετέχει καὶ τὰ ἐν ἡμῖν ἐοικότα, ὀστέα.

Thiers[40] nimmt das πνεῦμα die Qualität der ψυχή an, kraft deren das Thier die Möglichkeit selbständiger Bewegung von Ort zu Ort besitzt, veranlasst nicht durch fremde Kraft, sondern durch die ihm von Aussen zufliessenden Eindrücke. Die Möglichkeit endlich, nach freier Wahl solchen äussern Eindrücken zu folgen oder zu widerstehen, sich zu bewegen oder zu ruhen, ist Ausfluss des dem Menschen innewohnenden λόγος, des πνεῦμα κατ' ἐξοχήν. Höchste Verfeinerung der ἕξις, φύσις und ψυχή, hat der λόγος seinen Mittelpunkt, das ἡγεμονικόν ebenfalls im Herzen,[41] während andere zwar zu ihm gehörende, doch weniger feine πνεύματα, vom Herzen ausgehend, in den Sinnen und einzelnen andern Organen des Körpers ihren Sitz haben.[42]

---

§. 2.

Seele (ἕξις) und Qualität (ποιότης).

Wenn nach dem Vorstehenden die ἕξις die Ursache des Daseins eines Sonderdings bildet, aus der allgemeinen Materie die besondere οὐσία der einzelnen Sache ausscheidet und zusammenhält, so ist sie es zugleich, welche das Wesen der Sache entscheidet und bestimmt.[1] Während nämlich die ὕλη und die besondere Materie der Sache das einfache ὑποκείμενον darstellt,[2] ergiebt die ἕξις die zweite stoische Kategorie des

---

40) Die ψυχή ist τὸ περὶ καρδίαν πνεῦμα: Plutarch. de plac. phil. 4, 5.

41) Plutarch. adv. Stoic. de comm. not. 45.

42) Chalcid comment. in Platonis Timaeum ed. Meursius Lugd. Bat. 1617. p. 306 sqq.

1) Auf die erstere Function möchte ich das von der ἕξις ausgesagte εἰδοποιεῖν (Plutarch. de Stoicor. repugn. c. 43) beziehen, auf die zweite das σχηματίζειν, abweichend von Trendelenburg Kateg. S. 222. Vgl. auch die Notiz aus Plotinus bei Petersen p. 64.

2) Trendelenburg Kateg. S. 221. ff.; Zeller S. 85; Prant Geschichte der Logik im Abendlande Bd. 1. S. 430.

ποιόν,[3] welche nicht die unerhebliche Bedeutung besitzt, wie in der aristotelischen Kategorienreihe das quale. Die *ποιότης* ist bei den Stoikern vielmehr die wesentliche Eigenthümlichkeit des Sachindividuums. Die einzelnen Seiten dieser *ποιότης*, welche nicht von ihr selbst verschieden sind, sondern sie ausmachen, sie zusammen bilden, sind der Sache theils mit gewissen andern gemeinschaftlich (*κοινῶς ποιά*), so dass sie mit diesen sich zu einer Gattung vereinigt, theils ihr als Individuum ausschliesslich eigenthümlich (*ἰδίως ποιά*).[4] Diese *ποιότης* aber mit den einzelnen *ποιά* ist das Product des die Sache beseelenden Hauchs, der *ἕξις*, ist dieser selbst.[5] Daher heissen denn die verschiedenen Eigenschaften, welche die *ποιότης* zusammensetzen, *ἑκτά*, und umgekehrt wird gelegentlich *ποιότης* ohne Weiteres statt *ἕξις* gesagt und die Bezeichnung als das formende und erhaltende *πνεῦμα* direct auf die *ποιότης* bezogen.[6]

---

3) Vgl. über die dreifache Anwendung dieses Worts, worunter die im Text besprochene die hauptsächliche und eigentlich technische ist: Petersen p. 65; Zeller S. 87; Trendelenburg S. 223.

4) Vgl. Petersen p. 70; Trendelenburg S. 225; Prantl S. 431. f. Schief bei Zeller S. 90. A. 3.; der von ihm citirte Dexipp. in Categ. p. 61, 17. beweist seine Meinung keineswegs.

5) Plutarch. de repugn. Stoic. 43: *καὶ τοῦ ποιὸν ἕκαστον εἶναι τῶν ἕξει συνεχομένων αἴτιος ὁ συνέχων ἀήρ ἐστιν, ὃν σκληρότητα ἐν σιδήρῳ, πυκνότητα δ' ἐν λίθῳ, λευκότητα δ' ἐν ἀργύρῳ καλοῦσι.*

6) Plutarch. de repugn. Stoic. 43: *καίτοι πανταχοῦ τὴν ὕλην ἀργὸν ἐξ ἑαυτῆς καὶ ἀκίνητον ὑποκεῖσθαι ταῖς ποιότησιν ἀποφαίνουσιν, τὰς δὲ ποιότητας πνεύματα οὔσας καὶ τόνους ἀερώδεις, οἷς ἂν ἐγγένωνται μέρεσιν τῆς ὕλης, εἰδοποιεῖν ἕκαστα καὶ σχηματίζειν.* Hiernach liegt zwar in der oben erwähnten Wiedergabe von *ἕξις* selbst als „wesentliche Eigenschaften" der Dinge (Ritter S. 567. Zeller S. 87. Anm. 2) eine gewisse Wahrheit; aber sie wird nur der einen Seite des Wesens der *ἕξις* gerecht und zerstört den Zusammenhang der ganzen Naturbetrachtung des Stoicismus. Wird dann noch ein Missverständniss der oben erwähnten bildlichen Bezeichnungen des *πνεῦμα* hinzugefügt: die Stoiker hätten sich jene Eigenschaften als etwas körperliches, als Luftströmungen gedacht, oder wird die Einheitlichkeit der *ἑκτά* verkannt und daraus mehrere einzelne Luftströmungen gemacht (Zeller S. 89. 110. 114. A. 1), so bekommt das Ganze unverdient einen Anstrich arger Wunderlichkeit.

Von jenen die ποιότης ausmachenden ἑκτά, den aus der Thätigkeit der beseelenden ἕξις selbst hervorgehenden Eigenschaften, unterscheidet der Stoicismus die der dritten Kategorie des πῶς ἔχον entsprechenden blossen σχέσεις. Diese begreifen alle diejenigen Eigenschaften und Beziehungen des Dings, welche nicht aus der ἕξις selbst entspringen, sondern durch Einwirkung von aussen her an dem Dinge entstehen,[7] nur ἐν ὑποκειμένῳ sind, nicht Bestandtheile seines eigenen Wesens.[8] Ein allgemeines, so zu sagen practisch brauchbares Kennzeichen, ob eine von den sinnlich wahrnehmbaren Eigenschaften einer Sache zu den ἑκτά oder zu den σχέσεις gehöre, suchen wir übrigens vergebens.[9] Wir werden z. B. ausdrücklich gewarnt, die einen als die dauernden, die andern als die vorübergehenden Qualitäten aufzufassen; denn die ἕξις, heisst es, könne vorübergehend dem Dinge eine gewisse Beschaffenheit verleihen und umgekehrt könne eine fremde Einwirkung dauernd eine gewisse σχέσις herbeiführen. Dieselben Eigenschaften werden bald der einen, bald der andern Kategorie zugezählt, ohne dass aus den betreffenden Entscheidungen für andere Fälle eine bestimmte Norm hergenommen werden könnte: z. B. wird in Betreff der Farben, von denen es im Allgemeinen heisst, sie seien die πρῶτοι σχηματισμοὶ τῆς ὕλης,[10] unterschieden, ob sie συμπληρωτικὰ τῆς οὐσίας sind, wie z. B. beim Silber[11] oder dem Schnee, oder nicht, wie bei der Wolle.[12] So gilt ferner die

7) Simplic. ad categ. fol. 61, a. §. 38 edit. Basil.: τὰς μὲν γὰρ σχέσεις ταῖς ἐπικτήτοις καταστάσεσι χαρακτηρίζεσθαι, τὰς δὲ ἕξεις ταῖς ἐξ ἑαυτῶν ἐνεργείαις.

8) Οὐσίας μέρος bei Simplicius (siehe A. 16): wobei οὐσία nicht, -Materie, sondern, wie nicht selten, -Wesen der Sache, ποιότης.

9) Vgl. dieselbe Bemerkung bei Trendelenburg Beitr. Bd. 1 S. 231.

10) Stob. ecl. 1, 17, 1 p. 364; Plutarch. de plac. phil. 1, 15. Vgl. Trendelenburg S. 222.

11) Vgl. Plutarch. de repugn. Stoicor. 43. (oben Anm. 5), wo sogar als ποιότης des Silbers schlechtweg λευκότης angegeben wird.

12) Simplic. ad Cat. fol. 12: ἐπὶ δὲ τοῦ δευτέρου ὑποκειμένου οὐ πᾶν χρῶμα, οὐδὲ πᾶσα ποιότης (hier einmal schlechtweg -Eigenschaft, nicht im technischen Sinne) ἐν ὑποκειμένῳ, ἀλλ' ὅταν μὴ συμ-

äussere Form, σχῆμα, im Allgemeinen als bewirkt durch die Spannung der ἕξις;[13] aber nicht nur mag die ἕξις selbst die ursprüngliche Gestalt des Dings umbilden; sondern es können auch äussere Einflüsse ohne das Wesen desselben zu modificiren, die Gestalt verändern, und die gleiche äussere Form mag sich bei sehr verschiedenem Wesen der Dinge finden.[14] Nichts irriger also, beiläufig bemerkt, als wenn man früher den Stoikern die Meinung unterschob, sie hätten die Form — wenn dies äussere Gestalt bezeichnen soll — als das wesentliche, den Stoff als relativ gleichgültig angesehen.[15] Wie ein bestimmtes Kriterium scheint es, wenn bei Gelegenheit der Eigenschaft der Wärme, welche ἐκτόν des Feuers, aber z. B. dem Eisen nur σχέσις ist, letzteres daraus hergeleitet wird, dass sie bei dem Eisen eintreten und wieder verschwinden kann „ἄνευ τῆς τοῦ σιδήρου φθορᾶς“:[16] doch reicht auch dies nicht aus, da die Schwierigkeit gerade darin besteht, zu entscheiden, ob eine gewisse vorgefallene Veränderung als φθορά, d. i. Untergang

---

πληρωτικαί εἰσι τῆς οὐσίας· τὸ γοῦν λευκὸν ἐπὶ μὲν τοῦ ἐρίου ἐν ὑποκειμένῳ, ἐπὶ δὲ τῆς χιόνος οὐκ ἐν ὑποκειμένῳ, ἀλλὰ συμπληροῖ τὴν οὐσίαν ὡς μέρος, καὶ ὑποκείμενον μᾶλλόν ἐστι μετὰ τῆς οὐσίας.

13) Simplic. ad Cat. 67 (bei Zeller S. 119. A. 3): τὸ τοίνυν σχῆμα οἱ Στωϊκοὶ τὴν τάσιν παρέχεσθαι λέγουσιν, ὥσπερ τὴν μεταξὺ τῶν σημείων διάστασιν. διὸ καὶ εὐθεῖαν ὁρίζονται γραμμὴν τὴν εἰς ἄκρον τεταμένην.

14) Arrian. Epictet. diss. 4, 5 Schweighäusser p. 600: μὴ γὰρ ἐκ ψιλῆς μορφῆς κρίνεται τῶν ὄντων ἕκαστον; ἐπεὶ οὕτω λέγε καὶ τὸ κήρινον μῆλον εἶναι καὶ ὀδμὴν ἔχειν αὐτὸ καὶ γεῦσιν. οὐκ ἀρκεῖ δὲ ἡ ἐκτὸς περιγραφή (Num enim sola forma singulae res judicantur? Id si ita est, ceream quoque massam dic pomum esse, dic habere pomi et odorem et gustum. Neque vero externa circumscriptio satis est). Man erinnere sich hierbei an Paulus in l. 78. §. 4. D. de leg. 3: ea, quae talis naturae sunt, ut saepius et q. s.

15) Noch weniger wird man übrigens den römischen Juristen im Allgemeinen die Identification von Form und Sache zuschreiben dürfen, welche Bechmann Archiv f. civ. Pr. Bd. 47 S. 37. f. sogar als natürlich bezeichnet.

16) Bei Simplic. in der Anm. 12 citirten Stelle heisst es weiter: ὁμοίως δὲ καὶ ἡ θερμότης τῆς μὲν τοῦ πυρὸς οὐσίας μέρος ἐστίν, ἐν ὑποκειμένῳ δὲ γίνεται καὶ ἀπογίνεται ἐν τῷ σιδήρῳ ἄνευ τῆς τοῦ σιδήρου φθορᾶς.

des alten Dings und Entstehung eines neuen andern Wesens angesehen werden muss, und da solche Aenderungen nach stoischer Anschauung sehr wohl möglich sind.

Letztere statuirt nämlich vier verschiedene *μεταβολαὶ ἐκ ὄντων εἰς ὄντα γιγνόμεναι* oder *φθοραὶ καὶ γενέσεις*.[17]

Die erste ist der fortwährende Fluss und die stete Veränderung, in welcher die Materie aller Dinge begriffen ist.[18] Die gesammte Masse des Stoffs, der *οὐσία*, ist nämlich begrenzt und einer Vermehrung oder Verminderung im Ganzen unfähig; aber die schöpferische Bewegung erhält sie in stetem Wechsel, an welchem die einzelnen Abschnitte der *οὐσία* theilnehmen. Diese, die Materie also der einzelnen Dinge, befindet sich daher in fortwährender *ῥύσις* oder *ἀλλοίωσις*,[19] indem in stetem Fortgange einzelne Theilchen, *μέρη*, sich ablösen, um von andern ersetzt zu werden, selbst aber zu einem andern Dinge hinzuzutreten,[20] so dass im Innern jeder Sache *κατὰ μέρη* unaufhörlich eine *σύγχυσις*, gerade wie bei der ersten Sachbildung im Grossen, stattfindet.[21] Es ist also auch die *οὐσία* in jedem Augenblick eine andere:[22] selbst das mögliche Wachsen oder Schwinden durch die verschiedene Zahl der zutretenden und der abgehenden Partikelchen darf nicht eigentlich von der stets nur einen Augenblick lang in ihrem jeweiligen Bestande verharrenden Substanz, sondern immer nur von der durch die mehr oder minder zahlreichen Substanztheile gebildeten Sache selbst prä-

---

17) Vgl. besonders Posidonius bei Stob. 1, 21, 7. Heeren p. 434.

18) Vgl. Senec. nat. quaest. 3, 10, 3; Antonin. ad se ips. 4, 36. 43. 5, 13. 23. Petersen p. 48. sq.

19) Identische Ausdrücke, der letztere bei Posidonius ap. Stob. 1, 12, 7 p. 434 von Zeller S. 85. A. 5. falsch gedeutet.

20) Plutarch. adv. Stoic. de comm. not. 44: *τὰς μὲν ἐν μέρει πάσας οὐσίας ῥεῖν καὶ φέρεσθαι, τὰ μὲν ἐξ αὑτῶν μεθιείσας, τὰ δὲ ποθὲν ἐπιόντα προσδεχομένας.*

21) Stob. 1, 12, 5 p. 324.

22) Plutarch. l. c. fährt fort: *οἷς δὲ πρόσεισι καὶ ἄπεισιν ἀριθμοῖς ἢ πλήθεσι, ταῦτα μὴ διαμένειν, ἀλλ' ἕτερα γίνεσθαι ταῖς εἰρημέναις προσόδοις, ἐξαλλαγὴν τῆς οὐσίας λαμβανούσης.*

dicirt werden.[23] Diese Sache aber wird ihrem Wesen nach, als *ποιόν* und wie sie durch ihre *ἕξις* bestimmt ist, durch jene Bewegung und Veränderung ihrer *οὐσία* nicht afficirt: die Sache ist dieselbe, obgleich ihr Stoff zu keinem Theil mehr derselbe ist wie vorher.[24]

Die drei andern *μεταβολαί* dagegen ergreifen die Sache selbst, geben das *ποιόν* an und bedeuten den Untergang des bisher existirenden Dings: *διαίρεσις*, *ἀναίρεσις* oder *ἀνάλυσις* und *σύγχυσις*.[25]

Unter der ersten[26] ist die Zerlegung des *ὅλον εἰς μέρη*, die Zerstörung des bisherigen Ganzen durch Zertheilung in mehrere körperlich getrennte und selbständige Sachen zu verstehen. *Ἀνάλυσις* oder *ἀναίρεσις*, nämlich: *τῆς ἐπεχούσης ποιότητος*, ist der Vorgang, dass die *ποιότης* zerstört wird, welche bisher der *οὐσία* beigewohnt hat, so dass letztere zwar dieselbe, die Sache aber doch eine andere als vorher, die Sache, welche jetzt durch die *οὐσία* dargestellt wird, früher nicht vorhanden gewesen, sondern erst jetzt entstanden ist an Stelle der früher durch diese Materie gebildeten.[27] Als Beispiel wird uns ange-

---

23) Bei Plutarch. l. c. heisst es weiter: *αὐξήσεις δὲ καὶ φθίσεις οὐ κατὰ δίκην ὑπὸ συνηθείας ἐκνενικῆσθαι τὰς μεταβολὰς ταύτας λέγεσθαι, γενέσεις δὲ καὶ φθορὰς μᾶλλον αὐτὰς ὀνομάζεσθαι προσῆκον, ὅτι τοῦ καθεστῶτος εἰς ἕτερον ἐκβιβάζουσι· τὸ δὲ αὔξεσθαι καὶ τὸ μειοῦσθαι πάθη σώματός ἐστι ὑποκειμένου καὶ διαμένοντος.*

24) Plutarch. l. c.: *ὡς δύο ἡμῶν ἕκαστός ἐστιν ὑποκείμενα, τὸ μὲν οὐσία, τὸ δὲ* ..... (es ergänzen Petersen und Ritter S. 585. A. 2: *ὄν*; Wyttenbach: *ποιότης*; Trendelenburg S. 227. A. 1. und Prantl S. 432. A. 92: *ποιόν*) *˙καὶ τὸ μὲν ἀεὶ ῥεῖ καὶ φέρεται μήτε αὐξόμενον, μήτε μειούμενον, μήτε ὅλως οἷόν ἐστι διαμένον· τὸ δὲ διαμένει καὶ αὐξάνεται καὶ μειοῦται καὶ πάντα πάσχει τἀναντία θατέρῳ, συμπεφυκὸς καὶ συνηρμοσμένον καὶ συγκεχυμένον καὶ τῆς διαφορᾶς τῇ αἰσθήσει μηδαμοῦ παρέχον ἅψασθαι.* Vgl. auch Senec. ep. 58, 22.

25) Daher denn auch Boëthus bei Philo *περὶ ἀφθαρσίας κόσμου* 952 C. sq. (citirt von Zeller S. 142. A. 2) überhaupt nur diese drei als Arten des Untergangs der Dinge aufzählt.

26) Vgl. über die verschiedenen Arten der *διαίρεσις*: Sext. Empir. pyrrhon. hypoth. 2, 213 sq.

27) *Οὐκ ἦν πάλαι, νῦν δ' ἐστί* (Posidonius).

führt: Jemand zerbreche ein von ihm geformtes Pferd und mache dann aus demselben Thon einen Hund.[28] Das Sterben eines Menschen oder Thiers, das Eingehen einer Pflanze scheint einmal gleichfalls als *ἀναίρεσις* bezeichnet zu werden,[29] während man nach andern Aeusserungen annehmen möchte, dass darin nur eine Degradation des bisherigen höhern Zustands ihres *πνεῦμα* als *ψυχή* oder *φύσις* zu dem niedern der blossen *ἕξις* zu sehen wäre. Bei von vornherein durch *ψιλὴ ἕξις* beseelten Dingen wird vollends in Folge jener Unsicherheit des Begriffs der *ποιότης* immer darüber Zweifel sein, ob eine solche *ἀναίρεσις* wirklich geschehen.

Ebenso schwankend ist die Entscheidung bei der letzten Art des Untergangs, der *κατὰ σύγχυσιν*. Sie setzt voraus substantielle Vermischung zweier bisher selbständiger Sachen; aber nicht jede solche Vermischung ist *σύγχυσις*. Die Stoiker unterschieden nämlich *μίξις*, *κρᾶσις* und *σύγχυσις* in folgender Weise.[30]

Der Umstand, dass zwei bisher getrennte Körper nunmehr denselben Raum einnehmen, beweist nicht, dass sie ein einziger Körper geworden sind. Vielmehr kann ein und derselbe Raum, *τόπος*, von mehrern Körpern erfüllt werden, indem jeder den andern durchdringt, ohne doch sich mit ihm zu vereinigen.[31]

---

28) Posidon. bei Stob. 1, 21, 7 p. 434. Vgl. übrigens Seneca de provid. 5: non potest artifex mutare materiam.

29) Posidon. l. c.: *παραμένειν τὴν ἑκάστου ποιότητα ἀπὸ τῆς γενέσεως μέχρι τῆς ἀναιρέσεως, ὡς ἐπὶ τῶν ἀναίρεσιν δεχομένων ζώων καὶ φυτῶν καὶ τῶν τούτοις παραπλησίων.*

30) Vgl. über diese Mischungstheorie, welche — was gegen Ratjen Sells Jahrb. Bd. 3. S. 76 wohl zu bemerken — bei den übrigen Philosophenschulen auf den heftigsten Widerstand stiess, besonders Stob. 1, 18, 1 p. 374 und Alexander Aphrod. de mixtur. 142 a, m.

31) In Folge ihrer falschen Auffassung der *ἕξις* stellen — ähnlich wie Plutarch adv. Stoic. de comm. not. 36 es karrikirend thut — Ritter S. 568. und Zeller S. 88. A. 1. S. 115. die Sache so dar, als ob bei *μίξις* und *κρᾶσις* mehrere Eigenschaften das Substrat und sich selbst gegenseitig durchdrängen: die Lehre ist vielmehr, dass zwei *ποιά* d. h. aber: durch ihre *ἕξις* bestimmte *οὐσίαι* sich durchdringen und denselben Raum einnehmen. Ein *ὑποκείμενον* hat immer nur eine *ἕξις* und *ποιότης*; nur mehrere *ἐκτά* können in letzterer begriffen sein.

Findet solche *δύο σωμάτων ἀντιπαρέκτασις δι᾽ ὅλων, ὑπομενουσῶν τῶν συμφυῶν περὶ αὐτὰ ποιοτήτων*, bei an sich festen Dingen statt, so heisst sie nach einem mindestens seit Chrysipp feststehenden Sprachgebrauch *μίξις*, wenn bei flüssigen Sachen, *κρᾶσις*. Es kann aber allerdings auch und zwar jedenfalls bei flüssigen, doch wohl bei festen nicht weniger, eine wahre *μεταβολή* stattfinden, Uebergang und Vereinigung der beiden *ποιότητες* in eine neue dritte von beiden verschiedene: dann liegt jene *σύγχυσις* vor, welche, indem sie die alten Sachen zerstört, eine neue Sache erzeugt.[32] Sie ist zwischen zwei körperlichen Sachen derselbe Vorgang, wie der, welcher bei der ursprünglichen Mischung der Elemente und in jeder einzelnen Sache zwischen den einzelnen neu zu ihr hinzutretenden Stoffpartikeln stattfindet.

Woran denn aber im concreten Fall zu erkennen ist, ob blosse *κρᾶσις* oder *μίξις* oder wahre *σύγχυσις* sich ereignet hat, darüber fehlt es an bestimmter Auskunft. Als Beweis, dass jedenfalls keine *σύγχυσις* vorgegangen, wird insbesondere die Möglichkeit angesehen, die beiden Substanzen wieder von einander zu trennen. Man begnügte sich aber z. B. um darzuthun, dass Wein und Wasser blosse *κρᾶσις* eingehen, mit der Anführung der Fabel: wenn man einen geölten Schwamm in die Mischung tauche, sondere sich das Wasser allein in den Schwamm ab:[33] was vermuthlich ebenso begründet ist, wie die von Cato de re rust. 111. und Plin. hist. nat. 16, 35, 63 behauptete gleiche scheidende Kraft eines Epheubechers, über welche sich schon Rabelais[34] zu spotten erlaubte. Man beruhigte sich eben mit der theoretischen Behauptung der Möglichkeit, ohne auf die practische Ausführbarkeit Gewicht zu legen.

---

32) Stob. 1, 18, 1, p. 378: *τὴν δὲ σύγχυσιν (εἶναι) δύο καὶ πλειόνων ποιοτήτων περὶ τὰ σώματα μεταβολὴν εἰς ἑτέραν διαφερούσης τούτων ποιότητος γένεσιν, ὡς ἐπὶ τῆς συνθέσεως ἔχει τῶν μύρων καὶ τῶν ἰατρικῶν φαρμάκων.*

33) Stob. l. c.: *ἐὰν οὖν σπόγγον ἐλαιούμενον καθεῖ τις εἰς οἶνον ὕδατι κεκραμένον, ἀποχωρίσει τὸ ὕδωρ τοῦ οἴνου, ἀναδραμόντος τοῦ ὕδατος εἰς τὸν σπόγγον.*

34) Gargantua und Pantagruel Bch. 1. Cap. 24. a. E.

Dritter Abschnitt.

Die drei Arten der Körper bei den Stoikern und den römischen Juristen.

§. 1.

Die Eintheilung im Allgemeinen.

In den im ersten Abschnitt abgedruckten Stellen von Sextus Empiricus, Plutarch und Seneca wird übereinstimmend unsere Eintheilung auf die *σώματα*, corpora bezogen. Nur Achilles Tatius könnte hierin Bedenken erregen; nach dem Wortlaut der gedruckten Ausgabe scheint es, als wenn er nur das erste Genus schlechtweg und sonach im Gegensatz zu den beiden andern *σῶμα* nenne. Es kann aber kein Zweifel sein, dass eine Verwirrung der Wortfolge vorliegt: der Name der ersten Art, *ἡνωμένα* ist von seinem richtigen Platz zwischen *σώματα* und *λέγεται* in den Nebensatz gerathen. Achilles Tatius selbst bezeichnet später den einzelnen Stern, der zur ersten Gattung gehört, nicht einfach als *σῶμα*, sondern als *σῶμα ἡνωμένον*.

Auch Pomponius in l. 30. D. de usurp. führt die Auseinandersetzung mit den Worten ein: tria genera sunt *corporum*.

Bei den philosophischen Schriftstellern wenigstens bedarf es indessen noch einer speciellern Feststellung des Gegenstandes der Eintheilung. Die Stoiker brauchen nämlich *σῶμα* zunächst identisch mit *τὸ ὄν* im Gegensatz zu den ihrerseits auch *ἀσώματα* genannten *οὐκ ὄντα*. Unter letztern verstehen sie ausser Zeit, Raum und Vacuum das blosse *λεκτόν*, d. i. Alles, was zwar vorstellbar, aber ohne Realität ist. Als *τὸ ὄν* oder *σῶμα* in diesem weitern Sinn fassen sie das Wirkliche oder Wirkende, alles *ποιοῦν* oder *πάσχον* auf, also nicht bloss Körper in unserm

Sinne, sondern auch die menschliche Stimme,[1] menschliche Handlungen, Affecte, Leidenschaften, Tugenden und Laster.[2] Daneben ist ihnen ein in dem weitern umschlossener engerer Begriff von σῶμα geläufig, den sie wohl näher als σῶμα στεϱεόν bezeichnen: er wird bald als τὸ τϱιχῆ διαστατόν, εἰς μῆκος, εἰς πλάτος, εἰς βάθος definirt,[3] bald als Gegenstand sinnlicher Wahrnehmung;[4] er stimmt also im Allgemeinen mit dem überein, was wir ebenfalls alltäglich als Körper, Körperding anzusehen pflegen.

Zwar gewiss nicht aus der scherzhaften Benutzung unserer Eintheilung bei Plutarch,[5] wohl aber wenigstens aus Seneca ep. 102, 3. 11. lässt sich entnehmen, dass man gelegentlich den einen oder andern der drei Begriffe auf die σώματα im weitern Sinne angewendet hat. Indessen kann dies nur in uneigentlicher Weise geschehen sein, was übrigens auch Seneca selbst, ep. 103, 7., bestimmt genug andeutet, und gewiss müssen wir als obersten Begriff der Trichotomie die Körper in der engern und eigentlichen Bedeutung des Worts ansehen. Dies ergiebt sich schon aus den regelmässig angeführten Beispielen. Die technische Definition des ἡνωμένον — uno spiritu contineri — ist ferner nur dann für Nicht-Körper zu gebrauchen, wenn man den Terminus ἕξις, spiritus, seiner technischen Bedeutung entkleidet. Für den Begriff des συνημμένον besteht schwerlich die Möglichkeit ihn auch nur im übertragenen Sinne auf Anderes ausser eigentlichen Körperdingen zu beziehen.[6]

Die römischen Juristen kennen ihrerseits den stoischen weitern Begriff von σώματα bekanntlich nicht:[7] er würde in

1) Sext. Empir. adv. math. 8, 11. 12. Vgl. Zeller S. 78. A. 2.

2) Siehe besonders Seneca ep. 107 und vgl. Tiedemann Bd. 2. S. 13, Ritter S. 565, Prantl Geschichte der Logik Bd. 1. S. 416.

3) Diogen. Laërt. 7, 135.

4) Senec. ep. 58, 14. 16. Cic. top. 5, 27. Vgl. überhaupt Tiedemann Bd. 2. S. 4 f., Ritter S. 565.

5) Welche Meister p. 521 geltend macht.

6) Ueber den nicht hierher gehörigen Gebrauch des Worts συνημμένον für das hypothetische Urtheil, der mit der hier fraglichen Verwendung nichts gemein hat, vgl. Zeller S. 96, Prantl S. 385. 446.

7) Vgl. Meister p. 529, Ratjen S. 76. A 32. S. 83.

der That juristisch gar nicht verwendbar sein. Corpora sind ihnen, wie sie unter Anlehnung an die stoische Definition der σώματα im engern Sinne sagen, nur quae tangi possunt. Bei ihnen würde also ein Zweifel über den Gegenstand der Eintheilung überhaupt nicht entstehen können.

Man hat geglaubt, unsere Eintheilung mit der stoischen Lehre von den Kategorien – ὑποκείμενα, ποιά, πὼς ἔχοντα, πρός τί πως ἔχοντα —[8] in Verbindung setzen zu sollen. Petersen[9] meint, sie beziehe sich auf die Verschiedenheit der ὑποκείμενα; Zeller[10] dagegen bespricht sie bei der zweiten Kategorie, dem ποιόν oder quale.

Indessen, soweit ich mir hier ein Urtheil anmassen darf, glaube ich einen solchen Zusammenhang ablehnen zu dürfen.

Er müsste allerdings bestehen, wenn es richtig wäre, dass jene vier Kategorien sich auf „Etwas", τί, als oberstes Geschlecht bezögen, wie regelmässig angenommen zu werden scheint.[11] Aber dieser Glaube möchte mit dem eigenthümlichen Wesen der stoischen Kategorien selbst nicht vereinbar sein. Unter ὑποκείμενον wird, wie bekannt, das Substrat, die Materie verstanden, die allgemeine οὐσία oder ὕλη sowohl, als vorzüglich die Materie des einzelnen Dings. Das ποιόν ferner ist die durch die ἕξις bestimmte Wesenheit des Dings. Von Materie kann nicht bei jedem Etwas, sondern überhaupt nur bei körperlichen Dingen im engern Sinne vernünftiger Weise gesprochen werden, und es wurde auch thatsächlich von den stoischen Schriftstellern nur bei ihnen davon wirklich gesprochen. Es wäre aber falsch, auch nur etwa auf die Körper im Allgemeinen, also auf jede unserer drei Arten derselben die Kategorien angewendet zu denken. Bei den ἐκ διεστώτων sagt uns Sextus Empir. adv. math. 9, 78, dass ihre Glieder καθ' αὑτὰ ὑποκεί-

8) Vgl. darüber ausser der oft citirten Schrift von Petersen: Ritter Bd. 3. S. 553 ff., Trendelenburg hist. Beitr. Bd. 1. S. 217. ff., Zeller Bd. 3. S. 83. ff., Prantl Geschichte der Logik Bd. 1. S. 426. ff.

9) S. 55.

10) S. 87. A. 2.

11) Vgl. indessen die zweifelnden Bemerkungen von Zeller S. 84. 85. A. 2.

μενα sind, woraus sich ergiebt, dass die erste Kategorie nicht zugleich auch auf das Ganze der *ἐκ διεστώτων* bezogen werden kann. Bei den res compositae muss ganz das Gleiche angenommen werden. Für beide zusammen liegt der Beweis auch in dem Zeugniss des Simplicius, dass die Stoiker den *συνημμένα* und *ἐκ διεστώτων* ein *ποιόν* nur im uneigentlichen Sinn, aber keine wirkliche *ποιότης* zuschrieben, weil ihnen die *ἕξις* fehlt.[12] Es versteht sich aber, dass etwas, wovon die zweite Kategorie nicht ausgesagt werden kann, auch nicht unter die erste subsumirt zu werden vermag. Die ganze Kategorienlehre bezieht sich also nur auf die erste, einfachste Art der Körper; nur diese letztere stellt sich als *γενικώτατον*, als einfachster Begriff in dem Sinne derselben dar.[13]

Für die *σώματα* ist nun unsere Eintheilung dergestalt erschöpfend, dass jedes wahre körperliche Ding zu einer der drei Arten nothwendig gehören muss,[14] so dass es ganz unrichtig ist, wenn man gelegentlich die Eintheilung ausschliesslich auf bewegliche Sachen bezieht.[15] Falsch wäre es jedoch, als Gegensatz zu den drei genera nur die unkörperlichen Dinge anzusehen. Vielmehr liegt in dem dreigetheilten Begriff des *σῶμα* oder corpus offenbar auch das Merkmal der Einheit oder besser Einzahl, und den *ἡνωμένα*, *συνημμένα* und

---

12) Simplicius 55 ε (bei Prantl S. 434. A. 100 und Zeller S. 87. A. 2. a. E.): *τὰς γὰρ ποιότητας ἑκτὰ λέγοντες οὗτοι* (i. e. *Στωϊκοί*) *ἐπὶ τῶν ἡνωμένων μόνων ἑκτὰ ἀπολείπουσιν· ἐπὶ δὲ τῶν κατὰ συναφὴν, οἷον νεὼς, καὶ ἐπὶ τῶν κατὰ διάστασιν, οἷον στρατοῦ, μηδὲν εἶναι ἑκτὸν, μηδὲ εὑρίσκεσθαι πνευματικόν τι ἓν ἐπ᾽ αὐτῶν, μηδὲ ἕνα λόγον ἔχον, ὥστε ἐπί τινα ὑπόστασιν ἐλθεῖν μιᾶς ἕξεως* κ. τ. λ.

13) Bei Antonin. 6, 14 werden keineswegs *ποίμναι*, *ἀγέλαι* und dgl., also *σώματα ἐκ διεστώτων* als *γενικώτατα* bezeichnet. Der Kaiser bemisst vielmehr den sittlichen Werth einer Neigung oder Bestrebung nach der Stelle, welche das *γενικώτατον*, worauf sie sich beziehen, in der Stufenfolge der *ἡνωμένα* nach der sie beseelenden *ἕξις*, *φύσις*, *ψυχή*, *λόγος* einnimmt, und nennt dabei *ποίμναι* und *ἀγέλαι* nicht qua Ganze, sondern statt der einzelnen darin enthaltenen *ψυχῇ συνεχόμενα*.

14) Sext. Empir. adv. math. 9, 79: *ἐπεὶ οὖν ὁ κόσμος σῶμά ἐστιν, ἤτοι ἡνωμένον ἐστὶ σῶμα ἢ ἐκ συναπτομένων ἢ ἐκ διεστώτων.*

15) Z. B. Dankwardt national-ökonomisch-civil. Studien Bd. 2. S. 13.

ἐκ διεστώτων steht sonach zugleich die Vorstellung mehrerer corpora gegenüber. Körperliche Gegenstände, welche unter keines der drei genera corporum subsumirt werden können, bilden trotz irgend welcher zwischen ihnen bestehenden Verbindung und obgleich sie äusserlich sich als Einheit darstellen mögen, doch in dieser ihrer Vereinigung nicht zusammen ein σῶμα, sondern bleiben mehrere einzelne Körper.

Dies letztere gilt z. B. von dem oben erwähnten Falle der Vermischung zweier Substanzen, welche sich wechselseitig durchdringen, ohne sich mit einander durch sog. σύγχυσις zu verbinden.

---

§. 2.

Die ἡνωμένα oder corpora unita.

Die erste Art der Körper führt bei den griechischen Schriftstellern den Namen ἡνωμένα. Seneca giebt ihn einmal wörtlich durch unitum wieder; dieselbe Uebersetzung ist von den Herausgebern des Corpus Iuris im 16. Jahrhundert aufgenommen worden [1] und hat sich bei uns fest eingebürgert. Das von Seneca anderwärts gebrauchte corpus continuum würde vor jener abstracteren Bezeichnung den Vorzug haben, dass es eine bestimmtere Vorstellung über das Wesen der betreffenden Sachen giebt. Paulus übersetzt in l. 23. §. 5. D. de R. V.: corpus cohaerens.

---

1) In den ältesten Ausgaben — noch z. B. in der Fradinschen Lugd. 1513 und in der Pariser von 1514 — fehlt in l. 30. D. de usurp. sowohl ἡνωμένον, wie συνημμένον und ist auch keine Uebersetzung angegeben, sondern heisst es einfach et graece vocatur und bez. quod vocatur; selbst eine Lückenangabe fehlt ursprünglich. Später ist oft, namentlich bei Haloander (die abweichende Angabe von Gebauer ist unrichtig) und in den meisten unglossirten Ausgaben des 16. Jahrh. das Griechische allein aufgenommen. Die Uebersetzung unitum und connexum ist vielleicht zuerst von Alciat. praeterm. libr. 2 vorgeschlagen und scheint zuerst in Fradinschen Ausgaben angemerkt worden zu sein. Im Text selbst aufgenommen habe ich sie zuerst in der Genfer Ausgabe von Pacius 1580, bei Gothofredus und Baudoza gefunden.

Das charakteristische der ἡνωμένα soll sein, dass nur e i n e ἕξις sie zusammenhält. Pomponius übersetzt vollkommen schulgemäss uno spiritu contineri, was Paulus in l. 23. §. 5. D. de r. v. 6, 1 wiederholt. Sie werden von einem einzigen der verschiedenen Einzelabschnitte der Weltseele beseelt.[2] Es ergiebt sich aus dieser Definition zugleich, dass von den beiden andern Körperarten in doppelter Beziehung das Gegentheil gilt: sie müssen mehrere ἕξις enthalten, also aus mehrern ἡνωμένα zusammengesetzt, in ihnen mehrere einfache Sachen zu einer Einheit zusammengefasst und zugleich muss, was sie so zusammenhält, etwas anderes als die Beseelung sein. Selbstverständlich wird dagegen der Begriff der res unita dadurch nicht ausgeschlossen, dass die ἕξις zur φύσις oder ψυχή verfeinert ist. Als Beispiele begegnen uns sogar wiederholt neben dem Stein als Repräsentanten der mit blosser ἕξις begabten Dinge die Pflanze und das Thier. Bei dem Stein wie bei der Pflanze müssen wir hinzudenken, dass sie aus dem Erdboden gelöset sind; denn vorher haben sie keine Selbständigkeit, sind keine mit selbständiger Seele erfüllte Dinge, sondern bilden ein ἡνωμένον zusammen mit dem Erdboden, in welchem sie ruhen und bez. wachsen.

Um die höhere Einheit des Weltganzen zu bezeichnen, wussten die Stoiker kein besseres als das viel angefochtene Bild, den Kosmos selbst ein ζῶον zu nennen.[3] Dass er aber eine vollkommene Einheit bilde, und dass die ihn als Ganzes belebende Seele nur e i n e sei, bewiesen sie aus der σύμπνοια καὶ συντονία zwischen himmlischen und irdischen Dingen,[4] gerade wie sie die Einheit der Seele des Thiers aus der Sympathie aller seiner einzelnen Glieder herleiteten:[5] diese ist ihnen nur daraus erklär-

---

2) R i t t e r S. 604. A. 2 identificirt fälschlich die μία ἕξις mit der ἕξις ψιλή (oben S. 25.)

3) Z. B. Diog. Laërt. 7, 142.

4) Diogen. Laërt. 7, 140. Antonin. 4, 40.

5) Sext. Empir. adv. math. 9, 80; Alexand. Aphrodis. de mixtur. 142, a, m: ἡνῶσθαι μὲν ὑποτίθεται (Χρύσιππος) τὴν σύμπασαν οὐσίαν πνεύματός τινος διὰ πάσης αὐτῆς διήκοντος, ὑφ' οὗ συνάγεταί τε καὶ συμμένει καὶ συμπαθές ἐστιν αὐτῷ τὸ πᾶν. Cic. de nat. deor. 2, 7, 19. Vgl. Z e l l e r S. 155.

bar, dass ein und dasselbe Pneuma es ist, welches den Eindruck an der einen Stelle des Körpers empfängt und zu den übrigen Theilen der Substanz fortleitet. Eine Folgerung aus der Einheit des Kosmos ist es dann wieder, wenn sie behaupten, dass in demselben kein leerer Raum sei, dass die Leere zwar die Welt umgebe, aber nicht zwischen ihren Theilen trennend liege;[6] denn sonst wäre der Strom des Geistes nothwendig unterbrochen. Die Verschiedenheit der Theile der Welt unter sich ist dagegen kein Hinderniss der ἕνωσις, sowenig wie die Mannigfaltigkeit des Stoffs und der Beschaffenheit der Theile, aus welchen ein Thier oder eine Pflanze besteht.

Um bei andern Dingen ausser Pflanzen und Thieren zu erkennen, ob wirklich nur eine ἕξις sie beherrscht, und ob sie also als ἡνωμένα zu betrachten sind, ist das bei jenen gebrauchte Kriterium nicht zu benutzen, da ihnen die Erscheinungen der συμπάθεια fremd sind. Bei denen, welche, obgleich jetzt nur noch ἕξει ψιλῇ, früher φύσει oder ψυχῇ beseelt waren, bietet sich gerade aus diesem Umstande ein bereites Hilfsmittel, indem diejenigen Bestandtheile, welche durch die frühere φύσις selbst entwickelt wurden, die natürlichen Theile, ganz gewiss keine besondere ἕξις für sich besitzen. Naturproducte, συμφυῆ, sind also stets ἡνωμένα:[7] habet unitatem, sagt Seneca,[8] quidquid alicujus rei nativa pars est; nihil enim nascitur sine unitate.

Man benutzte ferner ein Analogon dessen, was beim Kosmos als nothwendige Folge aus der vorhandenen Einheit geschlossen worden war. Zwischen den einzelnen Theilen der Welt soll kein leerer Zwischenraum sein, in welchem sich keine von der Weltseele durchdrungene Materie befände. So wird nun die Einheit der atmosphärischen Luft umgekehrt daraus deducirt, dass alle ihre Theile in ununterbrochenem Zusammenhange stehen.[9] Wo es darauf ankommt, die Einheit in gemeinfasslicher Weise

6) Diog. Laërt. 7, 140; Plutarch de plac. phil. 1, 18; Stob. 1, 19, 1, Heeren p. 383.

7) Vgl. Salmasius in Epictet. et Simpl. p. 301.

8) Nat. quaest. 2, 4, 2.

9) Senec. nat. quaest. 2, 2.

zu demonstriren,[10] wird sie sogar statt durch dasjenige, was eigentlich den Begriff constituirt, aber ohne Kenntniss der ganzen Physik nicht verstanden werden kann, nach diesem äusserlichen Merkmal definirt.

Es stellt sich also das ἡνωμένον der sinnlichen Wahrnehmung nothwendig dar als ein corpus continuum (Seneca), als ein Ding, zwischen dessen Theilen continuatio, unmittelbarer Zusammenhang stattfindet,[11] keine commissura besteht, sondern inter se conjunctorum corporum tactus, d. h. eine so unmittelbare Verbindung der Theile, dass die Grenze des einen zugleich immer den Anfang des andern Theils bildet, die partes ihrerseits keine eigenen fines haben. Eine solche Verbindung findet niemals statt, wo die Vereinigung nur durch eine äussere Vorrichtung bewirkt ist. Ein Kennzeichen, welches vorliegen muss, damit ein ἡνωμένον angenommen werden kann, ist vielmehr, dass das Ganze, wie Seneca sagt, nur unitate sua, nulla ope externa, durch sich selbst zusammenhängt: m. a. W. es muss, wo organische Verbindung durch natürliches nasci fehlt, zwischen den Bestandtheilen Cohäsion (der innere Zusammenhang einer innerlich gleichartigen Masse) oder Adhäsion (Oberflächen-Anziehung zwischen an einander gebrachten Stücken sei es desselben, sei es verschiedenen Stoffs)[12] vorhanden sein. Diesem Erforderniss kann an sich auch durch Producte menschlichen Fleisses genügt werden, dessen Wirken ohnehin nicht in absolutem Gegensatz zu der Naturthätigkeit gedacht wurde.[13] Cohäsion zeigen die künstlich aus einer einzigen Masse im Ganzen, nicht stückweise, gebildeten — aus Metall gegossenen, aus Thon geformten u. s. w. u. s. w. — Dinge. Adhäsion zwischen den zu einem

---

10) Senec nat. quaest. 2, 2, 3: vide, quomodo auribus tuis parcam. Expedire me poteram et q. s.

11) Continuus im Gegensatz zu intervalla: Seneca nat. quaest. 2, 26, 3. Vgl. Cic. de divin. 2, 69, 142 (*continuatio* sogar für συμπάθεια gesagt).

12) Der Unterschied, den nicht die alte, aber unsere heutige Wissenschaft zwischen Cohäsion und Adhäsion macht, wird recht häufig von den juristischen Schriftstellern missverstanden: man sehe z. B. Dankwardt Studien Bd. 2, S. 14.

13) Vgl. Senec. ep. 65, 3.

Ganzen vereinten Stücken bewirken die Operationen des Schweissens, Löthens, Kittens, Leimens, Klebens — ferruminare der Pandekten —;[14] es adhärirt die dünne Zinnschicht, mit welcher Metallgefässe im Innern überzogen,[15] die Vergoldung solcher oder anderer Dinge, die Farbe auf der Tafel oder Leinwand des Malers, die Schwärze auf dem Pergament oder Papier des Schreibers, die Farbe am Kleiderstoff.

Es ist indessen zu beachten, dass zwar ohne die Cohäsion oder Adhäsion der Theile ein ἡνωμένον nicht denkbar ist, dass sie aber allein keineswegs genügen, um sofort einen Körper als ἡνωμένον wirklich zu charakterisiren. Die Continuität der Substanz[16] bildet eine nothwendige Voraussetzung der einheitlichen Beseelung, zieht diese aber nicht nothwendig nach sich.

Den Beweis hierfür liefert jene schon wiederholt berührte Lehre von der μίξις und κρᾶσις. Gewiss besteht unmittelbarster körperlicher Zusammenhang und recht eigentlich Cohäsion zwischen den Partikeln der sich durchdringenden Flüssigkeiten oder flüssig gemachten und wieder erstarrten Stoffe. Nichtsdestoweniger wird die Gesammtmasse kein ἡνωμένον, wenn sich nicht zugleich eine neue gemeinschaftliche ποιότης in ihr in Folge von σύγχυσις manifestirt. Es bleiben zwei besondere ἡνωμένα, jede mit individueller Beseelung und Beschaffenheit. Nach stoischer Auffassung ist es überhaupt nicht ein σῶμα, welches sie bilden, sondern es sind zwei im selben Raum vereinigt: sie stellen nicht einmal ein συνημμένον dar, obgleich für dieses bloss mechanische Verbindung genügt, die wir doch gewiss für weniger innig zu halten geneigt sein würden.

So wird denn auch bei künstlich hervorgebrachter äusserer Adhäsion bisher getrennt gewesener Dinge die Frage nicht erspart, ob wirklich das neue ununterbrochen zusammenhängende Ganze eine gemeinsame, einzige Wesenheit darbietet. Dieser Vereini-

14) Vgl. mein Programm über die Bedeutung von ferruminare und adplumbare in den Pandekten, Breslau 1869.

15) Alieno plumbo plumbare scyphum in l. 27. pr. D. de a. r. d. 41, 1.

16) Die confusio per eandem materiem, wie Paulus in l. 23. §. 5. D. de r. v. 6, 1 sich ausdrückt.

gung unter eine einzige Beseelung steht eine stoffliche Verschiedenheit der vereinigten Stücke so wenig entgegen, als die verschiedene Zusammensetzung der Knochen, Muskeln u. s. w. des thierischen Körpers, die Mannigfaltigkeit der Gesteine im Erdboden die Einheit des Thiers, des Erdreichs verhindert. Aber sie kann begreiflicher Weise in solchem Fall nicht auf dem elementaren Wege der σύγχυσις vor sich gehen, wie bei der substantiellen Vermischung möglich ist. Wir können nun, soviel ich weiss, nicht ermitteln, unter welchen besondern Voraussetzungen die Stoiker in ihren Schulspeculationen ἡνωμένα aus solcher künstlicher äusserer Vereinigung haben hervorgehen lassen. Die römischen Juristen nahmen — und wir dürfen allerdings wenigstens vermuthen, auf Autorität der von ihnen hier sonst streng befolgten stoischen Schulmeinung — bei Ungleichheit der Bedeutung der beiden Theile für das entstandene Ganze eine Absorption des geringern Theils und seiner ἕξις durch den grössern Theil und seine ποιότης an und sahen dann in dem Ganzen wirklich eine einheitliche Sache: sie war ihnen identisch mit derjenigen Sache, welche ihre major pars ausmacht, letztere nur vermehrt und vergrössert durch den hinzugekommenen, jetzt von ihrer ἕξις beseelten unwesentlichen Theil. Wo diese Auffassung durch die Ebenbürtigkeit der vereinigten Theile ausgeschlossen war, erschien das Ganze trotz seiner Continuität ihnen nicht als ἡνωμένον und überhaupt so wenig als ein Körper, wie die zusammengeschmolzenen cohärirenden Metalle. Davon nachher in §. 2. des letzten Abschnitts.

---

§. 3.

Die συνημμένα oder corpora composita.

Die zweite Art von Körpern führt bei Pomponius, Achilles Tatius und sonst wohl den Namen συνημμένα. Recht eigentlich technisch dürfte jedoch vielmehr die Form sein: (σῶμα) ἐκ συνημμένων oder συναπτομένων, welche Sextus Empiricus und Plutarch haben: es sind in der That Körper, welche aus mehrern verbundenen Körpern bestehen. Die ganz sinngemässe

Uebersetzung unserer Pandekten-Ausgaben: connexum [1] hat sich bei uns nicht recht eingebürgert, auch nicht die weit weniger empfehlenswerthe von Hotomannus [2] vorgeschlagene: concretum. Wir pflegen Seneca's Ausdruck compositum vorzuziehen, [3] und lehnen uns daran auch mit dem üblichen deutschen Terminus an: zusammengesetzte Sachen.

Schon nach dem Namen handelt es sich hier um Ganze, welche durch Vereinigung mehrerer einzelner Dinge gebildet sind. Als Beispiele werden angeführt: Schiffe, Häuser, Schränkchen (jene *πυργίσκοι* bei Sextus Empiricus, armaria bei Pomponius), Ketten, Taue; Seneca setzt hinzu frumentum, d. h. nach dem Zusammenhange: Getreidehaufen. Man sieht, es handelt sich durchweg nicht um bloss vorgestellte, sondern **reale** Verbindungen, hervorgebracht durch absichtliche menschliche Thätigkeit. Es liegt ferner keine substantielle Vermischung einander durchdringender Stoffe vor, sondern äussere Vereinigung von nebeneinander gebrachten Dingen (*παρακείμενα* bei Sextus), und gewiss ist, dass diese Vereinigung keine Gemeinschaft der Beseelung zur Folge hat, das Ganze nicht *μιᾷ ἕξει*, uno spiritu continetur wie bei künstlich hervorgebrachten *ἡνωμένα*.

Die Vereinigungsart ist denn auch eine andere, als diejenigen, welche möglicher Weise ein *ἡνωμένον* entstehen lassen; es findet hier nicht Cohäsion oder Adhäsion im modern technischen Sinne dieser Worte statt (das inter se cohaerere bei Pomponius ist offenbar nur in der vulgären Bedeutung von Zusammenhängen gesagt [4]), kein In-einander-Uebergehen der Theile wie in jenem Fall, kein Zusammenhängen unitate sua, durch eigene Kraft.

1) Es wird z. B. für das *συνημμένον ἀξίωμα* von den lateinischen Klassikern ausser adjunctum nicht selten ebenfalls connexum gebraucht: Cic. acad. quaest. 4, 30, 96. Gellius 16, 8.

2) Observ. in Pand. c. 3.

3) Vermuthlich hat übrigens Seneca dies Wort dem connexum hier deshalb vorgezogen, weil er, wie später zu erwähnen, eine der von ihm angenommenen zwei Unterarten der Zusammensetzung speciell mit nexus bezeichnet.

4) Auch anders gemeint, als von Paulus in l. 23. §. 5. D. de R. V. corpus cohaerens, wobei an innerliches cohaerere, nicht cohaerere mit andern Dingen gedacht ist.

Die verschiedenen Theile berühren sich nur (contingere bei Pomponius[5]); es bleibt nach Seneca's Ausdruck eine commissura, eine Fuge zwischen ihnen; sie sind junctura in unum coactae, und sie hängen nur ope externa zusammen. Es soll also eine Verbindung durch eine äussere zusammenhaltende Einrichtung sein, wie der Ausdruck *συνάπτεσθαι* an sich schon andeutet.

Seneca giebt im Einzelnen zwei verschiedene solche Einrichtungen an: nexus und acervatio.

Als nexus[6] können wir unter den oben angeführten quellenmässigen Beispielen in der That qualificiren: die Verschlingung der Glieder bei der Kette, der Fäden beim Tau. Nägel, Stifte, Klammern oder Falzen beim Schrank[7] und beim Schiff, das Gefüge des Hauses im Ganzen (mögen auch die einzelnen Steine der Mauer durch den Mörtel einander adhäriren) sowohl für sich betrachtet, als im Verhältniss zu dem Erdboden, in welchem es durch seine Schwere mit den Fundamenten lastet. Als nexus stellt sich auch die Verflechtung der Fäden eines Gewebes, die Befestigung des Edelsteins am Ringe durch den übergreifenden Rand der Fassung oder durch Häkchen dar, die Aufreihung von

5) Wegen der Bedeutung des contingere - vicinum, contiguum esse, sich berühren ohne in einander überzugehen und im eigentlichen Sinne zusammenhängen, vgl. namentlich: Cic. de nat. deor. 2, 47, 120. Caes. de bello gall. 1, 38. 7, 7. 23. de bello civ. 1, 21. Entsprechend führt Pollux onomast. 6, 113 (Dindorf) *συνημμένοι* als Synonym von *γείτονες* auf.

6) Ernesti lat. Synonym. Bd. 1. S. 259 nach Gardin-Dumesnil: propiora connectimus, ne soluta divagentur; Döderlein lat. Synon. Bd. 3. S. 274: connectere die Verbindung des an sich getrennten, insofern die Verbindung zugleich die freie Bewegung hemmt und die Selbständigkeit aufhebt. Zum Theil abweichend, aber mit sichtbarem Unrecht: Ramshorn lat. Synon. Bd. 1. S. 261.

7) Hier mag uns allerdings die Consequenz frappiren, dass es einen Unterschied machen wird, ob der Tischler die Stücke in der im Text angedeuteten Weise befestigt oder zusammengeleimt hat (welche Operation dem Alterthum sehr geläufig war: Plin. hist. nat. 16, 43; Semper der Stil Bd. 2. S. 261). Die Differenz ist aber im Grunde doch nicht verwunderlicher als die, welche stattfindet, je nachdem der Arm an die Statue angestiftet oder angelöthet, gekittet u. s. w. ist.

Perlen auf eine Schnur,[8] die Festmachung des Rades am Wagen, endlich die verschiedenen Befestigungen, welche durch adplumbare bezeichnet werden,[9] und überhaupt die weitaus meisten Arten künstlicher Verbindung.

Am passendsten werden wir, um einen für unsern Gebrauch handlichen Ausdruck für nexus vorzuschlagen, letzteres Wort mit „Verbindung durch äussere oder mechanische Vorrichtung" wiedergeben können — sofern nur nicht „organisch" als ausschliesslicher Gegensatz dazu gedacht wird, da Cohäsion oder wenigstens Adhäsion unter „organische Verbindung" nicht gut eingerechnet werden können, während sie doch ebenfalls hier ausgeschlossen bleiben sollen.

Der Anführung von acervatio neben nexus bei Seneca entspricht das ihm eigenthümliche Beispiel: frumentum. Wir würden nach ihm einen Getreidehaufen ebenfalls als *συνημμένον* ansehen müssen, übrigens wohl diesen nicht allein,[10] sondern auch Haufen von andern unter sich gleichartigen Dingen, vielleicht selbst von ungleichartigen: das einigende Band wäre hier die die einzelne Sache an ihren Platz unter den übrigen bannende Schwere. Es scheint indessen, als wenn Seneca mit dieser Auffassung allein stünde. Denn das haufenweise Zusammenliegen, *σωρηδὸν συγκεῖσθαι*, wird sonst nirgends in Verbindung mit unserer Eintheilung erwähnt, sondern nur bei Gelegenheit der stoischen Mischungslehre, welche, wie wir wissen, an sich mit derselben nichts gemein hat. Bei ihr wird neben der *μίξις*, *κρᾶσις* und *σύγχυσις* allerdings dieses Nebeneinanderliegen, die *παράθεσις* besprochen und zwar um sie gegenüber der vulgären Anschauung, von der sie unter „Vermischung" mitbegriffen wird, als blosse *σωμάτων συναφὴ κατὰ τὰς ἐπιφανείας, κατὰ περιγραφὴν* von jenen Fällen wahrer substantieller Vermischung und

8) Perlenschnuren hat man wohl als universitates rerum qualificiren wollen; vgl. jedoch l. 26. D. ad leg. falc. 35, 2, woselbst Miteigenthum pro indiviso daran erwähnt wird.

9) Vgl. mein oben Seite 42. Anm. 14 citirtes Programm.

10) Denn dass die Eigenschaft von Getreidekörnern als *φυσικά* irgend welchen Einfluss auf Seneca's Aufstellung gehabt haben sollte, wie Petersen p. 57 meint, ist nicht einzusehen.

Durchdringung *δι' ὅλων* zu unterscheiden.[11] Dabei wird nicht gesagt, dass diese Art von *συναφή* sich vor der *κρᾶσις* und *μίξις* dadurch auszeichne, dass sie ihrerseits, anders als jene, doch *ἓν σῶμα* producire, wenn auch nur ein technisch sog. *συνημμένον*. Vielmehr figurirt sie gerade als ein noch gleichgültigeres Factum und von noch geringerer Bedeutung als jene, welche ebenfalls keinen einheitlichen Körper erzeugen.

Seneca scheint hier das Versehen begangen zu haben, das blosse *συνάπτεσθαι* für den Begriff des *συνημμένον* für ausreichend zu halten: in Wahrheit verlangt dieser aber ausser der physischen Verbindung noch ein weiteres Merkmal, welches bei dem blossen Beieinanderliegen niemals zutreffen kann, sondern nur bei dem, was er selbst nexus nennt, und was ich soeben als Verbindung durch mechanische Vorrichtung zu bezeichnen vorschlug.

Allerdings geben uns über dieses Merkmal auch die übrigen Quellenstellen keine Auskunft, indem sie sich begnügen, die äussere Verschiedenheit des Theilzusammenhangs von dem bei den *ἡνωμένα* zu markiren; nur die längere, überhaupt durch grössere Umständlichkeit und Sorgfalt ausgezeichnete Stelle von Sextus Empiricus, adv. math. 9, 78, hebt dasselbe hervor, indem sie die zweite Körperart definirt als *τὰ ἔκ τε παρακειμένων καὶ πρὸς ἕν τι κεφάλαιον νευόντων συνεστῶτα.* Der zweite Theil dieser Begriffsbestimmung — ad unum spectare caput, übersetzt Hervetus — fügt zu der Verbindung das Erforderniss einer Zwecklichkeit hinzu: die vereinigten Theile müssen in und mittelst ihrer Verbindung, also als Ganzes, einem einzigen gemeinschaftlichen Ziele und Zwecke dienen, eine gemeinschaftliche oder, genauer, eine einzige, einheitliche Bestimmung haben.

Von dem Getreidehaufen als solchem ist unter keinen Umständen zu sagen, dass er einen besondern selbständigen Zweck qua Haufen habe, als solcher zu irgend etwas diene.

---

11) Diog. Laërt. 7, 151; Stobaeus 1, 18, 1 Heeren p. 374, aus Chrysippos; Alexand. Aphrod. de mixt. 142 a. m. Vgl. auch die Demonstration bei Sext. Empir. adv. math. 3, 60 sq.

Auch die mechanische Verbindung, nexus, ist zwischen zwei Dingen denkbar ohne Zweck-Verbindung; weit überwiegend dient sie aber dem Menschen um aus getrennten Dingen neue „Sachen“ zu schaffen, welche gerade in dieser ihrer hergestellten Gesammtheit und als Ganze verwendet und gebraucht werden sollen.

Im Sinne der Mehrzahl der Stoiker oder vielmehr wohl der Schule überhaupt, nur mit Seneca nicht übereinstimmend, werden wir sonach die *σώματα ἐκ συνημμένων* als Körper definiren müssen, welche aus mehrern zu gemeinschaftlichem Zweck mechanisch verbundenen Dingen bestehen. Ausser frumentum u. dgl. bleiben auch solche Dinge ausgeschlossen, welche zwar mit einander verbunden sind, aber ohne Gemeinschaft der Bestimmung, so dass sie nicht als einheitliche Sache erscheinen, sondern trotz der Verbindung als mehrere einzelne Dinge verharren.

Ganz in dieser Weise haben offenbar die römischen Juristen den fraglichen Begriff aufgenommen und verwendet, obgleich die Definition bei Pomponius ebenso unvollständig ist, wie bei Sextus Empiricus in der kürzern Stelle, bei Plutarch und Achilles Tatius. Dass sie einen Getreidehaufen oder dergl. nicht als res composita angesehen haben, ergiebt sich daraus, dass die Vermengung von Getreide ganz anders behandelt wird als die Fälle, in welchen nexu Sachen verschiedener domini vereinigt werden. Andererseits, wo es sich darum handelt festzustellen, was Alles als zu einem Schiff, Hause u. s. w. gehört, erklären sie nichts für wirkliche pars navis oder domus, was nicht an dem Körper des Schiffs, Hauses u. s. w. wirklich befestigt ist; sie begnügen sich jedoch nicht schlechtweg damit, sondern verlangen noch ausserdem, dass das Stück wegen des Hauses u. s. w. und zwar perpetui usus causa vorhanden sei: sie scheiden also von der Zurechnung zu dem Sachkörper aus, was zwar befestigt ist, aber selbständigen Zweck und eigene Bedeutung behält, nicht in der Bestimmung dem Ganzen anzugehören und zu dienen aufgeht.[12]

12) Ich beziehe mich hierbei der Kürze halber auf die Ausführungen und Citate in meinem Buch: über die organ. Erzeugn. 1869 S. 60 ff.

§. 4.

Die σώματα ἐκ διεστώτων oder corpora ex distantibus und der moderne Begriff von Gesammtsachen.

Zu den beiden bisher besprochenen Arten der Körper steht die dritte, διεστῶτα bei Achilles Tatius, richtiger offenbar mit Sextus Empiricus und Plutarch σώματα ἐκ διεστώτων, wie Seneca und Pomponius übersetzen, corpora ex distantibus oder quae ex distantibus constant, dadurch in bedeutendem Gegensatz, dass die ein solches bildenden Glieder an sich selbst völlig selbständige Körper, durch kein körperliches Band mit einander vereinigt sind.

Als solche σώματα ἐκ διεστώτων werden uns in den die Eintheilung besprechenden Stellen ganz ausschliesslich Vereinigungen von ἔμψυχα, beseelten Wesen, angeführt: Schwärme und Heerden von Thieren (ποῖμναι, ἀγέλαι), und Menschenvereine: χοροί, στρατιαί, στόλος, στρατόπεδον, ὄχλος, bei Seneca sogar ausschliesslich letztere: exercitus, populus, senatus. Dazu treten nach Achilles Tatius und Antoninus [1] noch die Sternbilder, ἄστρα, hinzu: die einzelnen Sterne sind nach stoischer Meinung ebenfalls beseelte Wesen und zwar sogar noch höherer Ordnung, als das mit blosser ψυχή begabte Thier und der Mensch mit seiner λογικὴ ψυχή. [2] Simplicius nennt als einziges Beispiel ein Heer. [3] Nie und nirgends wird der Begriff auf Gegenstände mit blosser ἕξις oder φύσις angewendet.

In dieser Beschränkung ist kein Zufall unserer Tradition zu sehen. Sie folgt vielmehr nothwendig aus dem von den Stoikern dieser Art von Körpereinheit beigemessenen Wesen. [4]

Das einigende Band besteht nicht, wie an sich denkbar wäre, in der zusammenfassenden Betrachtung der mehrern Einzelwesen seitens eines aussenstehenden Dritten, sondern in einer innern, geistigen Beziehung unter den Einzelnen selbst. Es ist

---

1) Antonin. ad se ips. 9, 9: unten Anm. 5.

2) Vgl. Zeller S. 176 und die dort Anm. 1 citirten Stellen.

3) Vgl. die Stelle oben Seite 37. Anm. 12.

4) Vgl. Petersen p. 57. 58. 60.

der dem thierischen Wesen eigenthümliche Trieb des Zusammenlebens, der Geselligkeit, welcher die Thiere zu Heerden oder Schwärmen zusammentreibt und, wenn der Mensch sie dazu vereinigt hat, sie inniger an einander schliesst; noch gesteigert findet er sich beim Menschen als Quelle des Gemeinlebens; in höchster Potenz wird er den Gestirnen zugeschrieben.[5] Bei den Thieren reiner Naturtrieb, äussert er sich in menschlichen Vereinen als Pflichtgefühl und ist die Quelle für die dieselben organisirenden, die Mitglieder zu gemeinsamer Thätigkeit berufenden Rechtsvorschriften: in diesem Sinn ist es zu verstehen, wenn Seneca, der selbst nur Menschenvereine erwähnt, sagt, dass sie jure aut officio cohaerent.[6]

---

5) Vgl. besonders Antoninus ad se ips. 9, 9: *Ὅσα κοινοῦ τινὸς μετέχει, πρὸς τὸ ὁμογενὲς σπεύδει... καὶ τοίνυν πᾶν τὸ κοινῆς νοερᾶς φύσεως μέτοχον πρὸς τὸ συγγενὲς ὁμοίως σπεύδει ἢ καὶ μᾶλλον. ὅσῳ γάρ ἐστι κρεῖττον παρὰ τὰ ἄλλα, τοσούτῳ καὶ πρὸς τὸ συγκιρνᾶσθαι τῷ οἰκείῳ καὶ συγχεῖσθαι ἑτοιμότερον. εὐθὺς γοῦν ἐπὶ μὲν τῶν ἀλόγων εὑρήθη σμήνη καὶ ἀγέλαι καὶ νεοσσοτροφίαι καὶ οἷον ἔρωτες. ψυχαὶ γὰρ ἤδη ἦσαν ἐνταῦθα καὶ τὸ συναγωγὸν ἐν τῷ κρείττονι ἐπιτεινόμενον εὑρίσκετο, οἷον οὔτε ἐπὶ φυτῶν ἦν οὔτε ἐπὶ λίθων ἢ ξύλων. ἐπὶ δὲ τῶν λογικῶν ζώων πολιτεῖαι καὶ φιλίαι καὶ οἶκοι καὶ σύλλογοι καὶ ἐν πολέμοις συνθῆκαι καὶ ἀνοχαί. ἐπὶ δὲ τῶν ἔτι κρειττόνων καὶ ἐκ διεστηκότων τρόπον τινὰ ἕνωσις ὑπέστη οἷα ἐπὶ τῶν ἄστρων. οὕτως ἡ ἐπὶ τὸ κρεῖττον ἐπανάβασις συμπάθειαν καὶ ἐν διεστῶσιν ἐργάσασθαι ἐδύνατο.* (Quaecunque aliquid habent commune, ad id quod ejusdem generis est, contendunt... itaque omne communis rationalisque naturae particeps simili ratione atque elementa vel magis etiam ad cognata tendit; quo enim melius est ceteris, eo paratius est cum affinibus misceri et confundi. Etenim in ipsis irrationalibus reperiuntur agmina, greges, pullorum nutricatio et quasi amores; animi enim jam iis sunt atque in melioribus congregandi studium invenitur, quale nec in plantis neque in lapidibus neque in lignis. In rationalibus vero civitates, amicitiae, familiae, conciones atque in bellis paces induciaeque. In iis denique quae etiam meliora eademque ex distantibus sunt, unitas quaedam subsistit, qualis in astris. Sic altior excellentiae gradus etiam in distantibus mutuam affectionem efficere valebat).

6) Ep. 102. (jus dort also objectives Recht, nicht subjectives, Jemandem an dem *σῶμα ἐκ διεστώτων* zustehendes Recht).

Gerade aus dieser Auffassung des Begriffs ist es auch allein zu erklären, dass die Stoiker diese doch aus selbständigen Wesen gebildeten Vereine nicht als blosse Vorstellungen ansehen, sondern als Körper und Körper-Einheiten. Für unsere Anschauungsweise liegt darin entschieden etwas befremdliches, welches dadurch wenig gemildert wird, dass es sich auf einen engen Kreis beschränkt: im Gegentheil erhöht dies vielleicht noch den Eindruck der Willkürlichkeit. Den Stoikern gilt als Körper im eigentlichen Sinn ein *ποιοῦν καὶ πάσχον*, welches physische Wahrnehmbarkeit besitzt. Letztere mag man auch von andern irgendwie zusammengebrachten Dingen aussagen. Sind diese aber nicht *ἔμψυχα*, so ist bei ihnen nicht einheitliches Wirken oder Leiden Aller, sondern nur ein gleichzeitiges denkbar, welches nicht die Gesammtheit als das activ oder passiv thätige Wesen erscheinen lässt. Dagegen in den Vereinen von Thieren und Menschen wirkt dasselbe Gemeingefühl, welches sie hervorbringt, auch gemeinschaftliche Empfindungen und gemeinschaftliche Thätigkeit, thatsächliche Aeusserungen übereinstimmenden Willens oder, um dies Wort nicht bei Thieren zu gebrauchen, übereinstimmender Triebe.[7] In diesem einheitlichen *ποιεῖν καὶ πάσχειν* stellt sich das einzelne Thier, der einzelne Mensch nicht als Individuum und nicht als blosser Theil, sondern als wahres Glied des Ganzen dar, vergleichbar den Gliedern eines *ἡνωμένον*.[8]

---

7) In Betreff der Gestirne sei hierbei darauf aufmerksam gemacht, dass die Stoiker ihre Bewegungen als Ausflüsse ihres eigenen Willens ansahen: siehe z. B. Cic. de nat. deor. 2. 16, 43. 44 nach Cleanthes.

8) Seneca de ira 2. 31: ut omnia membra inter se consentiunt, quia singula servari totius interest, ita homines singulis parcent, quia ad coetum geniti sumus. Salva autem esse societas nisi amore et custodia partium non potest. Antonin. 7, 13: *οἷόν ἐστι ἐν ἡνωμένοις τὰ μέλη τοῦ σώματος, τοῦτον ἔχει τὸν λόγον ἐν διεστῶσι τὰ λογικά, πρὸς μίαν τινὰ συνεργίαν κατεσκευασμένα. μᾶλλον δέ σοι ἡ τούτου νόησις προσπεσεῖται, ἐὰν πρὸς ἑαυτὸν πολλάκις λέγῃς. ὅτι μέλος εἰμὶ τοῦ ἐκ τῶν λογικῶν συστήματος κτλ.* (Quam rationem in unitis corporibus membra habent, eandem in dissitis obtinent ea, quae ratione sunt praedita, ad unam quandam actionem nata. Hoc eo magis animum tuum tanget, si saepius tibi dixeris: membrum sum ejus corporis, quod ex ratione praeditis compositum est.)

Gerade bei dieser Gattung sind die überlieferten Definitionen höchst mangelhaft, wenn man überhaupt von solchen sprechen darf; denn in der Mehrzahl der Stellen finden wir überhaupt nur den Namen selbst, der seinerseits allein die negative Seite des Begriffs, die physische Selbständigkeit der einzelnen Glieder angiebt, also noch weniger enthält als die Namen der beiden andern Arten. Auch die grössere Stelle bei Sextus Empiricus und ebenso Seneca begnügt sich damit, dieses unterscheidende Merkmal zu paraphrasiren. Erklärlich ist dies dadurch, dass der obere allgemeine Begriff des Körpers als *ποιοῦν καὶ πάσχον* vorausgesetzt wurde, aus welchem sich von selbst das positive Charakteristicum und die Beschränkung des Umfangs des Begriffs ergaben.

Wo wir bei den römischen Juristen unsern Begriff ausser l. 30. de usurp. genannt finden, d. i. bei Paulus in l. 23. §. 5. D. de rei vind. 6, 1 und in den Institutionen §. 18. de legat. 2, 20, begegnet uns ebenfalls der einfache Terminus: corpus quod ex distantibus constat, in seiner Kahlheit und Bedeutungslosigkeit und ohne ein Wort der Erklärung. Nur Pomponius hat eine eigene Beschreibung: es sind ihm, — wie die Florentina liest — corpora plura non soluta, sed uni nomini subjecta.

Hier erregt zunächst das *non soluta* Anstoss: steht es doch sofort mit dem von Pomponius selbst gebrauchten Namen der Gattung in Widerspruch. Es ist allerdings nicht geradezu unerträglich, da man es übersetzen könnte „nicht gesondert betrachtet.“[9] Aber das negative Element des Begriffs, die körperliche Getrenntheit, welche, wie bemerkt, in dem Namen allein hervorgehoben, den Unterschied dieser Dinge von den beiden andern genera anzeigt, würde danach sogar ganz zurückgedrängt. Im Uebrigen hält Pomponius sich genau an die in der Schule gebräuchlichen Worte und Wendungen; soluta erinnert auch ganz unmittelbar an *διεζευγμένα* und *κεχωρισμένα* bei Sextus, sepa-

---

9) Aehnlich Exner Tradition S. 239. 116. Schief Böcking Bd. 1. §. 67. A. 7. S. 245: „die nicht durch Zerlegung eines Ganzen selbständige Sachen geworden sind.“

rata bei Seneca; wir werden schwerlich Bedenken hegen dürfen, das *non* einfach zu streichen.[10]

Ex propriis wird Pomponius auch den zweiten Theil seiner Definition: *uni nomini subjecta* schwerlich geschöpft, sondern ihn in derselben Quelle vorgefunden haben, deren er sich im Ganzen bediente. Besser ist die Erklärung des Begriffs durch diesen Zusatz nicht geworden; sie behält dieselbe nur durch anderweitige Hülfe zu hebende Unbestimmtheit, wie die einfache Definition. Ein gemeinschaftlicher Namen findet sich für viele Mehrheiten selbständiger Dinge, welche doch nicht als corpora im stoischen Sinne angesprochen werden können.

Oder wäre jener Zusatz doch eine eigene Zuthat von Pomponius oder einem seiner juristischen Vorgänger und enthielte er eine absichtliche Veränderung des echten stoischen Begriffs? An Stelle dieses letztern würden wir dann als dritte Gattung von corpora wirklich dasjenige bekommen, was unsere ältere und neuere Literatur gerade im Anschluss an diese Worte des Pomponius unter den Namen: universitas rerum distantium, facti oder hominis, Sachgesammtheiten, Gesammtsachen, Collectivsachen, neben die einheitlichen und zusammengesetzten Sachen zu stellen pflegt.

Ich habe es gegenwärtig leichter, diese Supposition zu bekämpfen, als es früher gewesen wäre, so lange jener Begriff der universitas facti selbst noch in unerschüttertem Ansehen stand. Seit den Angriffen von Mühlenbruch und Hasse ist der Glaube daran in's Schwanken gekommen. Es ist sogar wohl bereits die Ueberzeugung vorherrschend, dass dieser weite, in seiner nähern Formulirung höchst bestrittene Begriff an sich selbst nur eine geringe und insbesondere auf dem Gebiet des Sachenrechts fast oder gar keine Bedeutung besitzt, und dass, was in andern Beziehungen angeführt werden kann, nicht nothwendig auf das Wesen der sog. universitates zurückgeführt werden muss, sondern anderweitig ohne jeden Zwang erklärt werden kann.

---

10) So auch der in Mommsen's Ausgabe berichtete Vorschlag von Bernays ad h. l.

Dass man sich noch nicht allgemeiner entschliesst, die universitas facti als blosses Begriffsgespenst bei Seite zu schieben, liegt, denke ich, abgesehen von ihrem scheinbaren Anhalt an der Definition des Pomponius, wohl vorzüglich daran, dass für eine gewisse einzelne sog. universitas facti, die Heerde, eine bestimmte sachenrechtliche Relevanz allerdings nicht ganz bestritten werden kann, während für eine blosse singuläre Behandlung gerade dieser einen Gesammtsache zwar verschiedene Erklärungen aufgestellt worden sind, aber keiner davon rechte überzeugende Kraft nachgerühmt werden kann, so dass sie das unwillkürliche Streben nach Generalisirung des beschränkten positiven Bestandes zu unterdrücken vermöchte.[11] Letzteres muss übrigens auch von den bisherigen Versuchen gelten, den Begriff der universitas facti selbst auf Heerden einzuschränken.[12]

Ich denke, dass diese Schwierigkeit durch die bisherigen Erörterungen hinweggeräumt ist. Sie liefern, wenn wir uns entschliessen die Behandlung der Heerde als eine nur auf diese beschränkte Erscheinung aufzufassen, zwar nicht eine unser eigenes Denken innerlich befriedigende Deduction — eine solche ist einfach nicht aufzufinden —, aber eine sachlich genügende Aufklärung, wie die römischen Juristen ihrerseits zu derselben gelangt sein können.

Es bleibt nur jener Schein eines weitern Begriffs von corpora ex distantibus zu zerstören, welchen die Worte von Pomponius allerdings zu erzeugen im Stande sind; aber diesem Schein stehen jetzt ebenfalls viel gewichtigere Gründe entgegen, als das Corpus Juris für sich allein betrachtet zu liefern im Stande war.

Man darf ohne Weiteres ein Argument gegen jene Auffassung der l. 30. daraus entnehmen, dass im Uebrigen Pomponius und die römischen Juristen überhaupt sich genau an die

---

11) Daher z. B. selbst Brinz Pand. S. 177, der sonst der universitas facti sich sehr kritisch gegenüberstellt, die vindicatio gregis, nachdem er sie allein übrig gelassen, verallgemeinern will.

12) Wunderbar gemischt ist Richtiges mit Falschem insbesondere in den Erörterungen von Girtanner, Gerber's und Ihering's Jahrb. Bd. 3. S. 100—154.

Schulüberlieferung angeschlossen haben. Wie kamen sie dazu, gerade hier davon abzuweichen? Man müsste wichtige praktische Motive voraussetzen: aber es giebt nichts, was praktisch unbrauchbarer wäre, als die moderne universitas facti.

Auch Pomponius führt unsere Dreitheilung als Eintheilung der corpora vor. Die Auffassung der Heerde u. s. w. als unum corpus begreift sich aus der stoischen Vorstellung von corpora: wie aber die einer Bibliothek, Waarenlager oder was sonst jetzt als Collectivsache qualificirt zu werden pflegt? Wer, wie sehr üblich, Sachgesammtheiten für unkörperliche Sachen, ideelle Einheiten erklärt, kann Quellenmässigkeit nicht für sich in Anspruch nehmen. Den neuerdings wiederholt gemachten Versuchen, bei ihnen oder auch nur bei der Heerde die Körperlichkeit modern zu demonstriren und zu überzeugen, dass ihre Zusammenfassung auch für unser Denken keine blosse Abstraction sei, wird man Natürlichkeit nicht beimessen.

Wollte aber Pomponius von seinen stoischen Quellen abweichen, so musste er sich offenbar dringend aufgefordert fühlen, für den substituirten Begriff Beispiele beizubringen, welche seinem erweiterten Umfange entsprachen. An Stelle davon finden wir — die Formularbeispiele der Schule: populus, legio, grex.

Wäre dies eine blosse Ungeschicklichkeit, so würde sie Paulus gleichfalls zur Last fallen; denn auch er weiss in l. 23. §. 5. D. de r. v. 6, 1 nur solche corpora, quae ex distantibus corporibus sunt, aufzuführen, welche von singuli homines, singulae oves gebildet werden.

In der einzigen sonstigen Stelle, in welcher der Begriff des corpus ex distantibus figurirt, handelt es sich speciell um Heerden: §. 18. l. de leg. 2, 20. Für die übrigen Collectivsachen kommt nicht nur dieser technische Ausdruck nicht vor, sondern auch kein anderer; wo die Quellen von Dingen handeln, welche wir zu den Sachgesammtheiten zu rechnen pflegen, sprechen sie immer concret, nie unter Verwendung dieses oder irgend welchen andern abstracten Terminus für die ganze Gattung. Selbst das für den modernen Begriff adoptirte Wort universitas kommt unter allen sog. universitates facti nur bei einer und zwar gerade bei einer Heerde vor (l. 70. §. 3. D. de usufr. 7, 1).

Nur für die Heerde findet sich übrigens auch eine directe sachliche Vergleichung mit den zusammengesetzten Sachen.[13]

Dass endlich greges und was ihnen gleichsteht, wiederholt in den Pandekten in einer Weise besprochen werden, welche schon rein äusserlich betrachtet, für sie eine besondere Stellung vermuthen lassen würde, ist gewiss. Die sachlichen Singularitäten, zu welchen ihre auf andere Mehrheiten von Dingen nicht ausgedehnte Auffassung als unum corpus geführt hat, sollen erst nachher erörtert werden. Hier sei nur besonders bemerkt, dass, wie schon längst von anderer Seite ausgesprochen worden ist, aber immer wieder geleugnet wird, die natürliche Betrachtung von l. 1. §. 3. D. de rei vind. 6, 1 stets ergeben wird, dass darin etwas besonderes, nur bei Heerden u. s. w. stattfindendes berichtet werden sollte. Oder war denn Ulpian so durchaus unfähig, wenn es sich um eine allgemeinere Erscheinung handelte, dies zu sagen?[14] Hatte Pomponius selbst zu eng von grex gesprochen, so musste Ulpian umsomehr den weitern Kreis der ebenso zu behandelnden andern Fälle ausdrücklich bezeichnen. Statt dessen exemplificirt er nur den Ausdruck des Pomponius und warnt, ihn gar zu eng auf dasjenige zu beschränken, was man gemeinhin unter grex zu begreifen pflegt. —

Ich stehe nach Allem nicht an zu behaupten, dass auch im Sinn der römischen Juristen corpora ex distantibus nur Vereinigungen von Menschen und von Thieren sein können: populus, legio, grex.

Für das Vermögensrecht kommen nur letztere in Betracht. Bei oberflächlichem Zusehen scheint es vielleicht nahe zu liegen, dass auch die familia servorum oder die Gesammtheit der zu einem gewissen Geschäft gewidmeten Sclaven gleich dem grex aufgefasst worden wäre. Eine äussere Unterstützung dieser Annahme könnte man wohl auch in der Art suchen wollen, wie in

13) L. 22. D. de leg. 1. §. 18. I. de leg. 2, 20.

14) Dieser Vorwurf würde ihn auch dann treffen, wenn er das „quae gregatim habentur“ bildlich gemeint hätte, wie Neuner Privatrechtsverhältnisse S. 102. A. 5. und Baron Gesammtrechtsverhältn. S. 64. (die Perlenschnur!) behaupten.

l. 23. §. 5. D. de rei vind. in der Erörterung der sogenannten Accessionslehre neben den singulae oves auch der corpora ex singulis hominibus Erwähnung geschieht. Indessen nimmt Paulus dadurch nur auf den auch freie Menschenvereine umfassenden Begriff im Ganzen Bezug; eine sachenrechtliche Folge zieht er nur für die Heerde. Auch in l. 1. §. 3. D. eod. fehlt die familia servorum, obgleich, wie schon bemerkt, Ulpian dort sichtlich den vollen Umfang angeben will, in welchem die wichtigste Eigenthümlichkeit der corpora ex distantibus, die Gesammtvindication, stattfindet. Das corpus quoddam servorum in l. 195. §. 3. D. de V. S. 50, 16 wird man für die Affirmative nicht geltend machen wollen. Uebrigens ist es unschwer einzusehen, dass, was den grex als Ganzes charakterisirt, der einigende Naturtrieb, und was den Vereinigungen freier Menschen zu Grunde liegt, jus aut officium, bei der familia servorum nicht zutrifft, da ihr nur gemeinschaftlich ist das jus im subjectiven Sinn, welchem sie unterworfen sind, und die willkürliche Bestimmung ihres gemeinschaftlichen Eigenthümers.

Dass wir aber grex nicht zu eng nehmen dürfen, warnt, wie schon gesagt, Ulpian in l. 1. §. 3. D. de rei vind. Es sind nicht bloss Heerden von Schafen und Ziegen zu verstehen, sondern auch von Rindvieh (armenta) und von Pferden (poliae, equitia),[15] überhaupt von allen Thieren, welche gregatim habentur;[16] auch Heerden von Flügelvieh[17] und Bienenschwärme[18] sind wahrscheinlich dazu gerechnet worden. Andererseits können wir die Untersuchung, wie viel Thiere nöthig sind, damit von einer Heerde gesprochen werden kann,[19] und über die sonstigen Bedingungen für die Anwendbarkeit dieser Bezeichnung

15) Vgl. die greges equorum bei Varro de re rust. 2, 7 und l. 1. §. 1. D. de abigeis 47, 14.

16) Z. B. von Schweinen: l. 65. §. 4. D. de leg. 3.

17) Solche werden erwähnt von Pfauen, Gänsen, Enten bei Varro de re rust. 3, 6. 10. 11.

18) Worauf l. 4. D. de a. r. d. 41, 1 hinweist; vgl. Ihering Geist des röm. Rechts Bd. 3. S. 38. Anm. 22.

19) Vgl. Girtanner in Gerber's und Ihering's Jahrb. Bd. 3. S. 123.

um so mehr dem richterlichen Ermessen überlassen, als es, wie wir später sehen werden, nicht gerade sehr häufig darauf ankommt.

Ist durch das Vorstehende erwiesen, dass das corpus ex distantibus der römischen Juristen unsere universitas rerum, Sachgesammtheit u. s. w. nicht ist, so würde damit dieser Begriff selbst noch nicht unbedingt beseitigt sein. Es wäre möglich, dass derselbe im römischen Recht dennoch existirte, ausserhalb und unabhängig von jener Eintheilung der corpora. Es würde nun, nachdem l. 30. D. de usurp. ihm entzogen, an einer Stelle mangeln, in welcher er bestimmt formulirt vorkäme; doch haben ja auch andere Begriffe bei den römischen Juristen eine solche Definition nicht erhalten. Ebenso fehlt es an einem technischen Namen in den Quellen. Indessen, selbst wenn die römischen Juristen ihrerseits sich des abstracten Begriffs gar nicht eigentlich bewusst geworden wären, würden wir für uns dennoch genöthigt sein, ihn aufzustellen, wenn wir für gewisse von den Römern nur in concreter Weise behandelte Erscheinungen durch seine Aufstellung eine rationelle Erklärung gewinnen könnten.

Ich glaube jedoch, dass dies nicht zutrifft, und dass wir getrost die ganze Vorstellung von universitates rerum über Bord werfen dürfen, mit ihr eine Masse unnützer Streitigkeiten, vor Allem die erste über die genaue Fassung des Begriffs selbst. Es sei deshalb gestattet, in kurzer Uebersicht die wichtigsten Puncte zu durchmustern, bei welchen derselbe angeblich erheblich sein soll, wobei freilich vielfach schon längst anderseitig gesagtes wiederholt werden muss.

1. Die alte Meinung, universitates facti aller Art könnten als solche Objecte von Sachenrechten sein, ist jetzt wohl allgemein aufgegeben; nur gerade für die Heerde wird diese Behauptung noch gewagt, und es soll darüber nachher bei der Erörterung gesprochen werden, welche Bedeutung die Zusammenfassung des grex als ein corpus wirklich gehabt hat. Als Rest der frühern generellen Meinung conservirt sich die Vorstellung von gewissen

Besonderheiten bei der Verpfändung sei es aller, sei es gewisser universitates.

Zunächst sollen daraus nicht nur die zur Zeit der Verpfändung schon vorhandenen, sondern auch die später erst zutretenden Stücke haften.[20]

Ich gebe durchaus zu, dass Verabredungen dieses Inhalts möglich und wirksam sind, dass sie auch stillschweigend getroffen werden können, muss jedoch leugnen, dass ein Rechtssatz dieses Inhalts bestünde, welcher dies ohne Weiteres bei irgend welchen universitates anordnete, so dass jene Erscheinung aus der objectiven Natur der letztern hervorginge,[21] und ich möchte sogar in Abrede stellen, dass wir jene Absicht der Parteien irgend wann zu vermuthen berechtigt sind.

Man beruft sich hauptsächlich auf l. 13 pr. D. de pign. 20, 1. Aber abgesehen davon, dass dort eine Heerde in Rede steht, was ich nicht geltend machen will: die Stelle spricht gar nicht von allen irgendwie zu der Heerde hinzukommenden Viehhäuptern, sondern nur von denen *quae postea nascuntur*, und deren Haftung ergiebt sich aus dem Pfandrecht an den Mutterthieren.[22]

Es berichtet ferner l. 34 pr. D. de pign. 20, 1 bei Verpfändung einer taberna allerdings, dass die zugekauften Waaren in das Pfandrecht gerathen; daneben besagt sie aber noch die weitere Eigenthümlichkeit, welche wenigstens von der ältern Theorie ebenfalls auf alle sog. universitates ausgedehnt zu werden pflegte, dass nämlich umgekehrt abverkaufte Stücke aus dem Pfandnexus ausscheiden sollen.

Man pflegt jetzt dieses Ausscheiden auf Waarenlager oder ähnliche zu Kauf und Verkauf bestimmte Gesammtheiten zu beschränken; die Erklärung liegt dann in dieser ihrer Besonderheit

20) Von Dernburg Pfandr. Bd. 1. S. 458 auf sich rasch abnutzende und eine stete Erneuerung fordernde Gesammtheiten beschränkt.

21) Dagegen auch Dernburg a. a. O.

22) Vgl. Göppert organ. Erzeugn. S. 371. ff. Wer den unbeschränkten Uebergang des Pfandrechts auf Erzeugnisse der Pfandsache nicht annimmt, wird in dieser Stelle gerade so gut wie in allen andern die beliebten Beschränkungen dieses Uebergangs hinzudenken können und müssen.

oder vielmehr in der angeblichen Wahrscheinlichkeit, dass die Parteien auf dieselbe bei der Verpfändung Rücksicht genommen haben. Schon danach würde sich die Eigenthümlichkeit der taberna als sog. universitas facti mindestens als untergeordnet für die ganze Erscheinung herausstellen. Aber man wolle überdies beachten, dass taberna gar nicht ein Waarenlager bedeutet,[23] sondern einen offenen Kram- oder Kaufladen.[24] Wer sich in unserer Zeit ein Waarenlager verpfänden lässt — und in Rom wird man zuverlässig nicht anders gehandelt haben —, wird selten oder nie der Discretion des Schuldners überlassen, wieviel oder wie wenig es demselben belieben wird, für die künftige Befriedigung des Gläubigers von dem jetzigen Bestande zu conserviren und neu hinzuzukaufen. Er bemisst die Creditsumme nach dem jetzigen Werth und lässt dem Schuldner gar nicht die Möglichkeit davon anders als zu unmittelbarer Tilgung der Forderung abzuverkaufen. Wie unpractisch ist gar die Schranke, welche man dem Veräusserungsrecht des Schuldners ziehen will[25] dahin, dass bei nicht ordnungsmässigem Abverkauf das Pfandrecht an dem Veräusserten fortbestehen soll. Man denke sich die Situation der Kunden, welche bei ihrem Einkauf untersuchen müssten, ob der Händler mehr verkauft, als er darf, ja des Schuldners selbst, der Ein- und Verkauf immer möglichst in Balance halten soll!

Ausdrückliche oder stillschweigende Abmachungen der vorausgesetzten Art sind praktisch denkbar, wenn z. B. mit dem Grundstück zusammen das Wirthschafts-Inventar verpfändet wird, dessen Bedeutung neben dem Hauptpfandobject untergeordnet ist, so dass der Gläubiger selbst bei Gewissenlosigkeit des Schuldners keinen sehr erheblichen Nachtheil erleiden würde, und die Verpfändung eines offenen Kramladens kann freilich, wenn ihr über-

---

23) Auch nicht die Räumlichkeit eines solchen (Baron Gesammtrechtsverh. S. 53).

24) So auch Dernburg S. 459.

25) Auch Dernburg S. 459.

haupt Wirksamkeit beigelegt werden soll,[26] nur als Verpfändung des künftigen Bestandes interpretirt werden. Es handelt sich also in l. 34. cit. ebenfalls um eine Erscheinung, welche mit der Natur aller oder einiger universitates gar nichts zu thun hat. Kaum bedarf es noch des besondern Hinweises darauf, dass, wenn diese Natur hier überhaupt influirte, ihr Einfluss doch wohl nicht mit dem Tode des Verpfänders erlöschen könnte.

2. Es ist ferner gewiss, dass abgesehen von Verpfändungen unzählig oft über mehrere Sachen contrahirt, durch Legat oder sonst verfügt wird in der Art, dass an Stelle einzelner Aufführung dieser mehrern Gegenstände die Bezeichnung eines gewissen Begriffs benutzt wird, welchen sie zusammen nach der Anschauung des täglichen Lebens oder auch nur in der besondern Vorstellung des Disponirenden darstellen.

In solchen Fällen wird es zunächst nicht selten streitig werden, was eigentlich Alles als verpfändet, zum Niessbrauch gewidmet, verkauft, legirt anzusehen ist. Die entstehenden Zweifel zu lösen, ist dann Sache der Geschäftsinterpretation, welche festzustellen hat, was die Parteien unter dem gebrauchten Ausdruck verstanden haben. Bei dieser Interpretation, welche nur practisches, gar kein theoretisches Interesse darbietet, wird nach der Regel, dass im Zweifel der gemeine Sprachgebrauch als befolgt anzunehmen, von Wichtigkeit die Erfahrungsthatsache, was gemeinhin unter „Bibliothek“ „Garderobe“ verstanden zu werden pflegt. Dass wir wissen, eine Bibliothek, Garderobe u. s. w. sei eine Collectivsache, hilft bei dieser Ermittelung nicht das Geringste, wie sorgfältig man auch den Begriff formuliren mag: ganz anders als der Begriff der res composita, welcher sich als feste Richtschnur gebrauchen lässt, wenn gefragt wird, was emtione oder legato continetur.

Wissen wir dann, welche Gegenstände verkauft, legirt u. s. w. sind, so ist für die weitere juristische Beurtheilung der betreffenden Rechtsverhältnisse der fragliche Begriff abermals irrelevant:

---

26) Der Zweifel, utrum eo facto nihil egerit, wird ja auch besonders erwähnt und dürfte nicht bloss einem chikanösen Advocaten auftauchen, wie Dernburg a. a. O. sagt.

es knüpfen sich, wie nach dem oben besprochenen für das Pfandrecht, so auch für Legate oder obligatorische Verträge an jenen Begriff selbst und für sich gar keine besondern Rechtsfolgen.

Von Bedeutung ist es nur, übrigens aber bei Weitem weniger häufig, als meist noch angenommen wird, dass über die Mehrheit von Sachen nicht unter specieller Bezeichnung verfügt worden ist.

Wird über ganz dieselben Sachen unter specieller Aufzählung disponirt, so ist es ganz gleichgültig, dass sie nach dem hergebrachten Ausdruck eine universitas facti ausmachen.

Die gemeinschaftliche Bezeichnung ihrerseits aber hat nur deshalb Bedeutung, weil sie gewisse Schlüsse auf die muthmassliche Intention der Handelnden gestattet. Wo Indicien irgend welcher andern Art dieselbe Absicht erweisen, treten dieselben Wirkungen ein, während umgekehrt diese letztern trotz der Collectivbezeichnung wegfallen, wenn durch andere Umstände die aus ihr an sich mögliche Folgerung widerlegt wird: zum deutlichsten Beweise, dass nicht die Eigenschaft der betreffenden Sachen als sog. Collectivganzes von Einfluss ist.

a. Es wird regelmässig als eine Eigenthümlichkeit des Vermächtnisses einer universitas genannt, dass der Wechsel der einzelnen Stücke gleichgültig sei und der Legatar diejenigen erhalte, woraus zur Zeit des Todes des Testators die Gesammtheit besteht.[27] Letzteres ist unzweifelhaft richtig; aber der Satz, so ausgedrückt, ist schief und bezeichnet als eine Eigenthümlichkeit des legatum universitatis, was nicht aus dem Wesen der letztern fliesst, sondern aus dem muthmasslichen Willen des Testators, welcher aus gewissen Redeweisen desselben und unter Andern auch aus der in Rede stehenden regelmässig geschlossen werden kann.

Wenn nämlich der Testator die legirten Gegenstände aus seinem Vermögen nicht speciell, sondern durch Angabe einer gewissen Kategorie oder auch eines Begriffs bezeichnet, unter welchen sie fallen, so sind zwei Möglichkeiten zu statuiren: er wollte dem Legatar zuwenden, was er von den jener Gattung oder jenem Begriff angehörenden Sachen entweder jetzt schon,

27) Z. B. Arndts in Glück's Commentar Bd. 46. S. 200

testamenti facti tempore, besitzt, oder aber, was er deren künftig hinterlassen wird. Ersterer Absicht entspricht der Ausdruck: qui mei sunt, letzterer: qui mei erunt, nämlich cum moriar.[28] Wahrscheinlich bildete die letztere in solchen Fällen weitaus die Regel, und in Folge davon nahm man denn meist an, dass, wenn der Testator schlechtweg, ohne einen jener präcisirenden Zusätze, peculium, familiam, fundum instructum, uxoris causa parata, lanam, vinum, oleum, lecticarios, pedissequos und dgl. legirt, ebenfalls der Bestand zur Zeit seines Todes als vermacht anzusehen sei.[29] Doch verlangte man gelegentlich noch ein besonderes Indicium für diese Absicht[30] und erachtete umgekehrt letztere schon durch den Zusatz meos, meum für ausgeschlossen, welcher auf die jetzige Zeit zu deuten schien.[31]

Wir haben also keinen Rechtssatz für das sog. legatum universitatis vor uns, sondern einfach eine Interpretationsregel für alle Legate mehrerer anders als speciell bezeichneter dem Testator gehöriger Gegenstände,[32] von der wir uns fragen müssen, ob sie in ihrer Allgemeinheit auch auf Testamente unserer Zeit zutrifft. Dass es, abgesehen von der falschen Abgrenzung ihrer Anwendbarkeit, auch sonst nicht gleichgültig ist, wenn sie in

---

28) Vgl. besonders l. 34. §. 1. 2. D. de auro leg. 34, 2.

29) L. 7. D. de trit. leg. 33, 6. l. 28. D. de instr. leg. 33, 7. l. 65. pr. D. de leg. 2. l. 58. 78. §. 3. l. 101. §. 1. D. de leg. 3. l. 4. D. de auro leg. 34, 2. l. 28. D. quando dies leg. 36, 2. §. 20. I. de leg. 36, 2.

30) L. 68. § 3. D. de leg. 3.

31) L. 7. D. de auro 34, 2. Vgl. auch l. 40. pr. D. eod. Ueber eine andere Bedeutung, welche dem meum beigelegt wurde, siehe l. 85. D. de leg. 3.

32) Wie übrigens z. B. Arndts l. c. S. 202 stillschweigend zugesteht, wenn er am Schluss des §. über legatum universitatis zufügt: übrigens sei es nicht wesentlich, ob ein Inbegriff schon an sich, abgesehen von dem Vermächtnisse, als eine Gesammtheit bestehe. Aber auch diese Correctur ist schief; denn durch das Vermächtniss kann doch der Inbegriff, der keine Gesammtheit ist, nachher keine solche werden; ausserdem ist dieselbe unzureichend. Aehnlich verbessern sich andere Schriftsteller z. B. Sintenis Bd. 3. §. 217. S. 731.

jenes unrichtige Gewand gekleidet wird, beweisen ausser gelegentlicher falscher Generalisirung auf sonstige Geschäfte[33] gewisse erhebliche weitere Irrthümer, welche sich daran angeschlossen haben,[34] sammt der Vorstellung von einer Doppelrolle der Collectivsachen, in Folge deren bald die Gesammtheit als solche, bald die einzelnen Dinge den Geschäftsgegenstand bilden sollen.[35]

b. Bei Vermächtnissen einer universitas liegt unum legatum, bei Verkäufen oder Stipulationen una emtio, una stipulatio vor.[36] Es heisst dies aber nicht, wie die alte Lehre es verstehen müsste, ein Legat oder Kauf über eine Sache, sondern ein Legat, ein Kauf über die mehrern zusammengefassten Sachen.[37]

Auch dies ist lediglich eine Folge aus dem Willen des Testators, der Contrahenten, welcher aus jener Bezeichnungsweise entnommen werden kann. Ganz ebenso wegen des muthmasslichen Willens der Parteien ist trotz Mehrheit der legirten oder verkauften Gegenstände unum legatum, una emtio mit ganz denselben Consequenzen, wenn die mehrern einzeln aufgeführten und gewiss keine universitas bildenden Dinge im Verhältniss von Hauptsache und Zugabe stehen,[38] ja sogar in andern Fällen, wenn der Preis für alle Sachen zusammen verabredet, oder wenn aus irgend welchen andern Umständen gewiss ist, non nisi omnes res quem emturum fuisse. Die Collectivbezeichnung hat nur die Bedeutung als eines der möglichen Indicien für diese Absicht. Wird umgekehrt zwar eine sog. universitas verkauft, aber der

33) Sintenis Bd. 1. S. 434. und dagegen Unger österr. Privatr. Bd. 1. S. 483.

34) Es gehöre zum Wesen einer universitas, sagt man, dass sie dem Wechsel ihrer Bestandtheile unterworfen sei. Wo also der Testator wirklich gerade den Bestand zur Zeit der Testamentserrichtung gemeint hat, liege kein wahres legatum universitatis vor (z. B. Warnkönig Archiv f. civ. Pr. Bd. 11. S. 200; Wächter würtemb. Privatr. Bd. 2. S. 236. A. 6): daraus folgt dann weiter, es sei nicht unum legatum u. s. w.

35) Vgl. deshalb besonders Unger österr. Privatr. Bd. 1. S. 476. A. 21. S. 481. A. 38.

36) L. 2. 6. D. de leg. 2. l. 29. pr. D. de verb. obl. 45, 1.

37) Vgl. Unger S. 481. A. 39.

38) Göppert natürl. Erzeugn. S. 74 ff.

Preis auf die einzelnen Stücke speciell verabredet, so sind plures emtiones vorhanden.[39] An die universitas angeknüpft, wird auch diese Annahme der Einheit des Geschäfts ihrer wahren Natur beraubt.

Wunderlich ist die herkömmliche besondere Notiz bei dem sog. legatum universitatis: sei letztere nicht selbständig, sondern als Anhang einer legirten Sache vermacht, so erlösche mit dem Vermächtniss dieser andern Sache auch immer das Legat der universitas;[40] als ob dies eine Eigenthümlichkeit der vermachten universitas wäre und etwas Anderes gälte, wenn die accessio legati eine einzelne Sache ist!

c. Dass in allen Fällen wirklicher Gegenstand des Vermächtnisses sind, wirklich geschuldet werden nicht die Gesammtheiten qua solche, sondern die einzelnen in der Bezeichnung begriffenen Dinge, sagt l. 79. pr. D. de leg. 3. ausdrücklich. Ebendarum bleibt das Legat einer sog. universitas immer auch dann noch aufrecht, wenn die Stückzahl so geschmolzen ist, dass der gebrauchte Collectivname nicht mehr passt,[41] und es ist ganz schief, wenn man es als eine quaestio facti aus der Absicht des Testators bezeichnet, ob ein Vermächtniss in solchem Fall fortgelten soll:[42] wenn seine Absicht nur noch unvollkommen erreicht werden kann, so ist dies kein Grund um auch

39) L. 34. pr. §. 1. D. de aed. ed. 21, 1. Vgl. auch l. 35. §. 6. D. de contr. emt. 18, 1. Betr. Stipulation: l. 86. D. de verb. obl. 45, 1.

40) Vangerow Bd. 2. §. 533 S. 533; Arndts Pand. §. 570 und Commentar S. 203; Sintenis Bd. 3. §. 217 a. E.; Tewes Erbr. Bd. 2. S. 343.

41) L. 22. D. de leg. 1. §. 18. I. de leg. 2, 20; vgl. noch unten Abschn. 4. §. 3. bei Anm. 29.

42) Die dafür auch von Unger S. 479 Anm. 33. citirte l. 65. §. 1. D. de leg. 2. spricht freilich nicht bloss von einem Niessbrauch, wie z. B. auch Arndts Comm. S. 202. A. 87. anzunehmen scheint, aber von einem besondern Fall, der keinen allgemeinen Schluss erlaubt. Einem — zu Wettspielen bestimmten — Viergespann war das linke Handpferd (equus ille qui demonstrabat quadrigam) so sehr die Hauptsache (Bekker-Marquardt Alterth. Bd. 4. S. 517. A. 20; Friedländer Darstellungen aus der Sittengeschichte Roms Bd. 2. S. 163), dass bei dem Legat einer quadriga die drei andern geradezu als blosse accessio jenes einen Pferdes zu betrachten sind: hier also re principali peremta extinguuntur, quae accessionum locum obtinent, nach l. 2. D. de pecul. leg. 33, 8.

das wenige möglich gebliebene zu beseitigen. Ebenso ist für Geschäfte unter Lebenden die Annahme unrichtig, die Intention der Handelnden, besonders des Erwerbers gehe allemal oder irgendwenn auf das Ganze als solches, nicht auf die einzelnen Stücke. Wer eine Bibliothek oder sonst welche sog. universitas kauft, will nicht das Ganze der Bibliothek, sondern die ganze Bibliothek. An dem Begriff der Bibliothek liegt ihm nichts; was er begehrt und bezahlt, sind alle Bücher, welche er unter dieser Bezeichnung begreift.

d. Der vermeintliche Umstand, dass nicht die sämmtlichen einzelnen Sachen, sondern das Ganze qua solches den Geschäftsgegenstand bilden soll, zeigt sich angeblich besonders wirksam in der Verantwortlichkeit des Verkäufers für rechtliche und physische Mängel.

Die Evictionshaft soll, wird jetzt allgemein behauptet,[43] dahin beschränkt sein, dass Verkäufer nur für das Ganze, nicht für die einzelnen Stücke aufkommt. Der Satz selbst ist aber einfach unbegründet und ist dadurch entstanden, dass man auf die sog. universitates facti überträgt, was von sog. universitates iuris wirklich gilt, weil es angeblich auf alle „Inbegriffe“ passen soll, während die ältere gern beide Arten differenzirende Theorie sich nur zum Theil zu diesem Fehler verleiten liess.

Richtig ist nämlich nur, dass beim Verkauf einer hereditas und eines peculium nach l. 5. D. de evict. 21, 2. und l. 1. C. eod. 8, 45 der Verkäufer wegen irgend welcher irrthümlich dazu gerechneter Sachen ohne specielle Zusage nicht einzustehen hat. Dagegen giebt es nicht eine einzige Quellenstelle, welche bei sog. universitates facti den Verkäufer liberirt, falls ein Theil der veräusserten Sachen dem Erwerber abgestritten wird, und der Unterschied ist wohlbegründet.

In jenen Fällen ist der Kreis der veräusserten Gegenstände durch einen festen Rechtsbegriff objectiv bestimmt. Sachen, welche nicht unter diesen fallen, sind überhaupt

---

43) Siehe z. B. Sintenis Bd. 2. §. 116 S. 624. A. 147; Unger Bd. 1. S. 482. Die ältere Lehre, welche nur zum Theil damit übereinstimmt, siehe bei Glück Bd. 20. S. 218. Zum Theil abweichend auch Bekker in seinen und Muthers Jahrb. Bd. 6. S. 271.

nicht mitverkauft.[44] Der Käufer nimmt, indem er seinen Erwerb in dieser Weise begrenzt, die Chance auf sich, ob die hereditas oder das peculium viel oder wenig umfasst; will er dies nicht, so mag er sich über den Umfang besondere Zusage geben lassen.

Ganz anders beim Verkauf von sog. Sachgesammtheiten. Hier ist contrahirt über dasjenige, was die Parteien im concreten Fall unter der gewählten Gesammtbezeichnung begriffen haben. Dass sie diese oder jene Sache mit dazu rechneten, wird dadurch nicht unwahr, dass dieselbe einem Andern als dem Verkäufer gehörte, und es kann letzteres für dessen Verhältniss zum Käufer nur ganz dieselbe Wirkung äussern, wie wenn es sich überhaupt nur um diese eine Sache gehandelt hat. Der Fall, dass gewisse Sachen nicht zur verkauften hereditas gehören, diese sich unerwartet klein erweist, darf hier allein mit dem verglichen werden, dass Käufer sich im Irrthum über die Zahl der Stücke der Bibliothek u. s. w. befunden hat. Hier wird er regelmässig ohne besonderes Versprechen des Verkäufers ebensowenig, wie dort einen Regress-Anspruch haben, und nur in dieser Richtung hat auch die häufig gemachte Unterscheidung zwischen Käufen in Pausch und Bogen und nach der Stückzahl eine gewisse Realität. Allemal aber kann er die Evictionsklage anstellen, wenn aus den Büchern, welche im Vertrage als die betreffende Bibliothek u. dgl. bezeichnet wurden, eines oder das andere abgestritten wird. Er hat eben alle diese Bücher oder was sonst die universitas ausmacht, gekauft.

Ich glaube, dass nur diese Auffassung wirklich den Vorstellungen des Käufers einer sog. Gesammtheit entspricht. Er ist gewiss sehr unangenehm überrascht, wenn er für den Verlust einer Reihe der Sachen, welche er bezahlt hat, von der herrschenden Theorie den Trost erhält, der Begriff der Bibliothek u. s. w. sei noch unversehrt, auf welchen er ja doch reflectirt habe. Zudem kommt die Grenze, bei welcher diese Schutzlosigkeit des Käufers aufhören soll, schliesslich auf die

44) Vgl. l. 5. D. de evict. verb.: quia sive non fuit in peculio, non accesserit.

berühmte Frage hinaus, wie lange ein Haufen noch ein Haufen genannt werden kann.

c. Nur sehr theilweise richtig ist ferner die herrschende Vorstellung über die Haftung wegen körperlicher Mängel der einzelnen Stücke einer universitas. Man concedirt wohl, dass bei universitates von bestimmter Zahl (soll dies heissen, dass eine bestimmte Zahl ausbedungen, oder dass eine solche in ihrem Begriffe liegt, wie z. B. bei einem Viergespann?) der Verkäufer für vitia jedes Stücks wie gewöhnlich gutsteht; regelmässig aber soll er auch wieder nur aufkommen für die Mängel einer grössern Anzahl, wodurch gleichsam das Collectivganze selbst fehlerhaft erscheint.

Letztere Grenze ist ebenfalls im höchsten Grade unpractisch und recht geeignet den Richter in Verlegenheit zu setzen. Sie ist aber ebenfalls nicht quellenmässig begründet.

Die ädilitische Haftung findet überhaupt nur entweder wegen jedes einzelnen Stücks statt (wobei dann die Rücksicht auf una emtio in der Redhibitionsfrage wichtig wird), oder aber sie fällt überhaupt ganz fort. Dieses letztere wird in l. 33. pr. D. de aed. ed. 21, 1. für die Fälle bezeugt, dass eine hereditas, ein peculium oder ein instrumentum fundi verkauft sind, und letzteres ist allerdings nach der Meinung Vieler eine sog. Sachgesammtheit. Der Grund wird ausdrücklich dahin angegeben, es sei bei solchen Verkäufen nicht certum corpus beredet. Es ist also die Art, wie hier der oder vielmehr die mehrern Kaufsgegenstände verabredet sind, das Hinderniss. Inwiefern, können wir leicht finden, wenn wir dagegen halten, dass z. B. beim Verkauf eines Gestüts (polia) in l. 38. §. 14. D. eod. die Vertretungspflicht und zwar wegen einzelner Thiere anerkannt wird. In diesem Fall ist durch die gebrauchte Collectivbezeichnung gesagt, welcher Art die verkauften Sachen angehören. In jenen Fällen der l. 33. pr. cit. dagegen ist die Bezeichnungsweise, mit welcher der Käufer sich begnügt hat, eine so abstracte, dass der unmittelbare Vertragsinhalt nicht feststellt, was für corpora der Verkäufer zu prästiren hat; deshalb fällt die Anzeigepflicht desselben, in welcher ja doch die ganze ädilitische Haftung wurzelt, und letztere selbst nothwendig hinweg.

Bestätigt wird diese Auslegung der Singularität dadurch, dass, wie l. 33. pr. cit. selbst andeutet, die gewöhnliche civilrechtliche Haftung wegen dolus auch in diesen Fällen stattfindet.[45] Wäre die auf das „Ganze" gerichtete Intention die Ursache für die Ausschliesung (oder vermeintlich nur Beschränkung) des Edicts, so müsste sie doch auch auf die Anwendung des Civilrechts einwirken und diese modificiren.

Ein allgemeiner Satz für alle „Inbegriffe" und speciell sog. Sachgesammtheiten ist hiernach aus l. 33. pr. cit. nicht zu entnehmen; anwenden dürfen wir ihren Inhalt nur auf ganz direct ähnliche Verkäufe „im Rummel" z. B. der Einrichtung eines Hauses oder dergl., unbekümmert aber darum, ob der Verkaufsgegenstand sich unter irgend eine Definition von Collectivsachen subsumiren lässt. —

Was nun aber diesen letztern Begriff überhaupt betrifft, so kann man in der That nur wünschen, dass er in seiner bisherigen Gestalt endlich ganz aus unsern Lehrbüchern verschwinde. Man möge sich begnügen, in der allgemeinen Betrachtung über vermögensrechtliche Geschäfte oder wiederholt speciell in den Lehren von der Begründung eines Niessbrauchs und Pfandrechts, von Schuldverträgen und Vermächtnissen die Notiz einzuschalten: dass statt einzelner Benennung der etwaigen mehrern Geschäftsgegenstände ausser der Beziehung auf feste Rechtsbegriffe, wie hereditas, peculium (die alten universitates iuris), auch der Gebrauch von Collectiv- oder Gesammtnamen aus dem täglichen Leben durchaus gestattet ist. An den sparsamen Stellen, an welchen wirklich die geschehene Wahl dieser Bezeichnungsweise relevant wird, mag dies dann im richtigen Zusammenhange und unter richtigem Gesichtspuncte hervorgehoben werden, ohne Bezugnahme auf angebliche Charakter-Eigenthümlichkeiten der betreffenden „Inbegriffe". Alles Weitere, namentlich jeder Versuch einer Definition oder Formulirung eines Begriffs von Gesammtheiten u. s. w. ist vom Uebel und an sich selbst ein theoretischer Fehler. Durch irgend welche Beschränkungen aber, mag man nun solche

45) Vgl. Unger Bd. 1. S. 482. Anm. 40.

Gesammtheiten ausschliessen, welche zum Dienst einer andern Sache dienen, oder Gleichartigkeit, Vertretbarkeit oder ordnungsmässigen Wechsel verlangen oder was sonst, entstehen sofort practisch erhebliche Unrichtigkeiten, indem die Definition dann unausbleiblich den Versuch nach sich zieht, auf die unter sie passenden Dinge zu beschränken, was einen viel weitern Geltungsbereich hat.[46]

---

46) Vgl. das Beispiel oben Anm. 34.

Vierter Abschnitt.

Die Verwerthung der Eintheilung bei den römischen Juristen.

---

§. 1.

Die Bedeutung der Dreitheilung im Allgemeinen.

Die bisherige Erörterung hat vorläufig nur festgestellt, dass die römischen Juristen unsere Dreitheilung und die Begriffe der tria genera corporum ganz so acceptirt haben, wie sie in der stoischen Physik vorgetragen wurden. Es handelt sich nunmehr um die weitere Ermittelung, welche juristische Bedeutung denselben beigelegt worden ist.

Mit einer einzigen Ausnahme, bei welcher wir jedoch auch nur Vermuthungen, keine Sicherheit haben, und welche an späterer Stelle erwähnt werden mag, müssen wir diese Bedeutung im Vermögensrecht suchen.

Dabei drängt sich die Frage in den Vordergrund, in welchem Verhältniss die tria genera corporum zum Begriff der körperlichen Sache als Rechtsobject stehen.

Für eine Verbindung beider scheinen sich zwei Möglichkeiten darzubieten.

Es wäre einmal folgende Auffassung denkbar. Objecte des Eigenthums und der übrigen dinglichen Rechte sind immer nur die einfachsten corpora, die *ἡνωμένα*; die beiden andern Arten, deren Eigenschaft als Ganze nur vielleicht anderweitig einflussreich, sind für die juristische Betrachtung in die mehrern res unitae zu zerlegen, woraus sie bestehen. Es giebt also ebensowenig, wie an der Heerde als solcher, ein Eigenthum am Hause, Schiff, Wagen u. s. w. als Ganzen, sondern nur an den einzelnen zu ihnen zusammengesetzten Stücken; die alltägliche Sprechweise, welche davon abweicht, ist für das Recht uneigentlich und ungenau. Aehnliches ist neuerdings in der That behauptet worden. [1]

Die andere Möglichkeit wäre die, dass die stoische Eintheilung der corpora als eine Eintheilung der Sachen qua Rechtsobjecte recipirt worden wäre: es wären dann die der einen oder andern Kategorie angehörenden Dinge immer nur als Ganze Rechtsobject; umgekehrt aber könnte ein Ding, welches zu keinem der genera gehört, nicht selbst als Ganzes Rechtsobject sein.

Diese zweite Auffassung scheitert sofort daran, dass, wie ich später besonders besprechen will, ganz bestimmt die Heerde als solche nicht Gegenstand von Eigenthum ist.

Beide setzen sich in gewaltigen Widerspruch mit der natürlichen Anschauung von den „Sachen". Die erste zerlegt den grössten Theil der menschlichen Arbeitsproducte, welche weit überwiegend res compositae sind, in ihre einzelnen Bestandtheile und giebt uns statt eines Ganzen einen Haufen von Stücken in die Hand, während gerade das Ganze als solches das für den menschlichen Verkehr wichtige und werthvolle ist. Beide thun das Gleiche mit allen Sachen, deren Stoff aus verschiedenen Materien ohne σύγχυσις gemischt ist, rohen Massen dieser Art sogut wie geformten Gegenständen. Diese wären nach beiden Ideen niemals einheitlich und als Ganze Gegenstand des Eigenthums; sondern es müsste wie die stoisch-physische Betrachtung mehrere corpora, auch die juristische mehrere Rechtsobjecte in ihnen unterscheiden; es gäbe an ihnen stets soviel Eigenthumsrechte u. s. w., als verschiedene Stoffe in ihnen enthalten sind.

Wir dürfen den römischen Juristen solche subtile Verkehrtheit nicht zutrauen. Sie hätte den gleichen Werth, wie wenn wir unsere heutigen naturwissenschaftlichen Kenntnisse zu der Aufstellung benutzen wollten, dass streng juristisch auch die einfachste Sache eigentlich soviel verschiedene Eigenthumsobjecte

---

1) Bechmann zur Lehre vom Eigenthumserwerb durch Accession 1867 S. 48. ff. Vgl. dagegen Bremer krit. Vierteljahrsschr. Bd. 10. S. 54. ff.

enthalte, wie ihre chemische Untersuchung Elemente nachweist. In den Quellen findet sie keine Unterstützung; nirgends eine Spur solcher Trennung dessen, was die Verkehrs-Anschauung vereinigt, auch nur für die theoretische Speculation, geschweige denn irgend welche practische Consequenz daraus. Für die res compositae ist übrigens die fragliche Vorstellungsweise in l. 23. D. de usurp. 41, 3. mit ausdrücklichem Hinweis auf die Unzuträglichkeiten abgelehnt, welche aus ihr nothwendig erwachsen würden.

Die Dreitheilung wird überdies für jede derartige Benutzung dadurch unbrauchbar, dass der Grund und Boden ein einziges grosses ἡνωμένον bildet, während der Rechtsverkehr genöthigt ist, ihn in lauter einzelne Grundstücke als selbständige Rechtsobjecte trotz des körperlichen Connexes zu zerlegen.

Ich glaube in der That, dass an einen unmittelbaren Zusammenhang unserer Lehre mit der Vorstellung vom Object dinglicher Rechte nicht gedacht werden darf.

Als selbständiges solches Object, also als Sache, res, im technischen Sinn mit nothwendiger Rechtseinheit gelten dem römischen Recht ausser den Grundstücken alle beweglichen körperlichen Dinge, welche die gemeine Meinung, die Anschauung des Verkehrs als selbständige Gegenstände ansieht.

Die letztere ist auch da entscheidend, wo die stoische Lehre in dem Dinge überhaupt kein einheitliches corpus für die physische Betrachtung anerkennen will: also insbesondere bei den Gegenständen aus verschiedenen Stoffen, welche nach ihrer Vorstellung sich nicht zu einer einzigen neuen Materie verbunden haben. In der That werden ferner ἡνωμένα, welche selbständig für sich bestehen, und συνημμένα stets auch „Sachen" in diesem Sinne und selbständige Rechtsobjecte sein. Aber ihre Anerkennung als selbständige Ganze ist ja auch gar nicht specifisch stoisch; insoweit stimmt diese Lehre der Stoiker durchaus mit der alltäglichen Anschauung. Specifisch stoisch ist nur, was in der Frage nach dem Rechtsobject ausser Betrachtung bleibt, die Unterscheidung der beiden Arten von einander nach der Beschaffenheit ihrer Zusammensetzung, und, was hier verworfen werden muss, die Leugnung der Einheit solcher Zusammensetzungen, welche nicht unter die eine oder die andere Kategorie fallen.

Nur in einer Beziehung ist hier die Formulirung des Begriffs der res composita der römischen Jurisprudenz zu Gute gekommen. Es sind über die Abgrenzung solcher „Sachen" nach Aussen nicht selten Zweifel möglich, für deren Lösung die Anschauung des Verkehrs nicht so bestimmt ist, wie für die Entscheidung von Rechtsstreitigkeiten gewünscht werden muss, welche insbesondere über den Umfang des Geschäftsgegenstandes bei Verträgen und Vermächtnissen häufig entstehen, indem der eine Theil denselben möglichst weit bemessen, der andere ihn möglichst beschränken will. Namentlich gilt dies in Betreff von Grundstücken in Folge der auf ihnen befindlichen Bauten u. s. w., von denen es sich fragt, ob sie wirklich als Theile des fundus, der aedes betrachtet werden sollen. Hier haben nun die Juristen schlechtweg die Formel für den Begriff der res composita zu Rathe gezogen, welche die stoische Körperlehre darbietet. Die Erkenntniss dieser Function derselben ist uns erschwert durch die herrschende durchaus unrömische Lehre von den Pertinenzen, welche den Kreis der partes rei zerschneidet und zur Aufstellung völlig willkürlicher Definitionen für die angeblich allein wirklich so zu nennenden — integrirenden — Sachtheile im Gegensatz zu adhärirenden blossen Pertinenzen geführt hat. Ich will den an anderm Ort[2] unternommenen Angriff auf diese Lehre hier nicht wiederholen. Es sei mir aber erlaubt, auf die einfache und klar bestimmte Art hinzuweisen, mit welcher jene Frage, was unter dem verkauften oder vermachten Hause oder Grundstück zu verstehen, von den römischen Juristen an der Hand des ihnen vertrauten Begriffs der res composita behandelt wird, im Gegensatz zu der unserer heutigen Lehre innewohnenden Unsicherheit und Verworrenheit. An diesen Begriff, — wonach die zusammengesetzte Sache Alles umfasst, was perpetui usus causa mit ihr mechanisch verbunden ist, aber weder nicht irgendwie befestigte Dinge, noch auch solche, welche zwar niet- oder nagelfest, aber nicht perpetui usus causa, um des Ganzen selbst

2) Erzeugnisse S. 58. ff.

willen hinzugethan sind, — halten sie sich auch sonst: zur Abgrenzung der Anwendbarkeit, welche dem Verbot separaten Verkaufs oder Legats von Gebäudetheilen zu geben ist,[3] und wo es sich darum handelt, ob ein gewisser Eingriff unter das interdictum quod vi aut clam fällt, welches Veränderungen am Zustande eines Grundstücks voraussetzt.[4]

Eine wirklich grundlegende Bedeutung hat unsere Doctrin nur in einem speciellen Theile der Lehre von den Rechtsobjecten erhalten, nämlich in Betreff der Frage, welchen rechtlichen Erfolg die rerum mixtura, die körperliche Verbindung mehrerer verschiedenen Eigenthümern gehöriger Sachen herbeiführt. Hierbei haben die römischen Juristen durchweg sich an den stoischen Begriff von Körper angeschlossen und speciell die stoische Unterscheidung von ἡνωμένα und συνημμένα zur Anknüpfung einer wichtigen rechtlichen Verschiedenheit benutzt.

Daneben hat der Begriff von corpora ex distantibus in besonderer Richtung einen gewissen Einfluss geübt, allerdings vielleicht mehr in negativer, als positiver Weise.

Die nächsten beiden Paragraphen sind bestimmt diese Behauptungen zu erweisen.

---

§. 2.

Die rerum mixtura und die Dreitheilung der corpora.[1]

Die Art und Weise, in welcher die Bestandtheile einer Sache untereinander zu dem durch sie gebildeten Ganzen vereinigt sind, wird für das römische Recht nur von Interesse, wenn

3) Göppert Erzeugn. S. 63. Anm. 21.

4) Vgl. besonders l. 7. §. 9. — l. 10. D. quod vi 43, 24. Wegen der tegulae positae (es ist Einhängen der Dachpfannen zu verstehen): Pape Zeitschr. f. Civilr. und Proc. N. F. Bd. 4. S. 245. A. 26.

1) Ich will hier keine durchgeführte Darstellung der ganzen Lehre von der sog. Accession geben und noch weniger der von der Specification, soweit diese überhaupt hier einschlägt, sondern begnüge mich mit dem Nachweise, inwieweit erstere von der hier besprochenen Körpertheorie beeinflusst wird. Ich wiederhole deshalb namentlich nicht die Polemik gegen die Auffassung der fraglichen Vorgänge als Eigenthumserwerb, und ver-

in Bezug auf diese Bestandtheile Eigenthumsrechte collidiren, welchen sie vor ihrer Vereinigung unterworfen waren.

Wo dies nicht vorliegt, ist sowohl die innere — chemische —, als die äussere — physikalische — Constitution der Sache indifferent. Eigenthum, sonstige dingliche Rechte, Besitz beziehen sich auf das Sachganze und können sich nur auf dieses beziehen. Insbesondere ist die Parcellirung derselben ohne physische Abtrennung ganz ebenso unmöglich bei Dingen, welche unter den Begriff der *ἡνωμένα* fallen, wie bei res compositae, bei Massen, welche aus einem einzigen Stoff gebildet sind, wie solchen, welche aus einem Gemisch z. B. von Metallen bestehen.

Anders wie gesagt, wenn die jetzigen Bestandtheile des Sachganzen vorher verschiedenen Personen gehört haben. Auch in diesem Fall kann es allerdings sein, dass die besondern Umstände, welche die Vereinigung begleiteten, bei dieser zugleich den einen der Betheiligten zum Eigenthümer der Sache des Andern gemacht haben,[2] so dass der Erfolg derselbe ist, wie wenn Jemand zwei von vornherein ihm allein gehörende Sachen mit einander zusammenbringt.

Liegen solche Verhältnisse nicht vor, so bedarf es besonderer anderwärtsher zu schöpfender Rechtssätze über die Behandlung des neuen Ganzen. Es ist dabei eine ziemliche Mannigfaltigkeit der faktischen Combinationen denkbar, welche auch für die juristische Beurtheilung zu Unterscheidungen aufzufordern scheint. Jedenfalls aber ist es sehr wohl möglich, dass es einer Gesetzgebung gelingt, vollkommen befriedigend mit einer ungleich einfachern Casuistik auszukommen, als das römische Recht bietet.[3] Auch kann nur die Gewöhnung unserer Juristen an dessen Sätze

---

zichte auch auf eine specielle Kritik der sonstigen abweichenden Meinungen in der ältern wie in der neuesten Literatur (Bechmann Archiv f. civ. Pr. Bd. 47. S. 25—50 und Accession 1867; Fitting Archiv Bd. 48. S. 1. 149. 311; Bremer krit. Vierteljahrsschr. Bd. 10. S. 1—67).

2) Z. B. l. 39. D. de R. V. 6, 1.

3) Man sehe z. B. oesterr. Gesetzbuch §. 414. ff., sächs. Gesetzb. §. 247—252. 284—287., hess. Entwurf Th. 2. Tit. 3. art. 42—47. Das preuss. Allg. Landrecht Th. 1. Tit. 9. §. 275—339 hat sich zwar auch vom römischen Recht emancipirt, aber nur, um eine viel complicirtere Masse verworrener Einzelentscheidungen an die Stelle zu setzen.

zu der Meinung bringen, seine Unterscheidungen enthielten nichts Anderes, als worauf unbefangenes Nachdenken ohne Weiteres führt; vielmehr ist darin Manches, was unsern heutigen Anschauungen bei genauem Zusehen recht befremdlich ist. In der That hat auch meines Wissens keine von den wichtigern neuern Gesetzgebungen sich völlig denselben angeschlossen.[4]

Hergenommen ist jene Casuistik, bei der sich die Römer selbst auf naturalis ratio berufen, durchweg aus der stoischen Körperlehre und speciell diese ist die Ursache dessen, was uns hier nicht durch die naturalis ratio gegeben zu sein scheint.

Zwei Combinationen sind auseinanderzuhalten: substantielle Vermischung und äussere Verbindung.[5] Diese erste Unterscheidung bietet sich allerdings der einfachen Betrachtungsweise leicht dar. Auffallend aber ist es im höchsten Grade, dass der erstern, welche regelmässig eine chemische Vereinigung hervorbringt, ein bei Weitem geringerer Einfluss beigelegt wird, als der letztern: wir müssten, denke ich, geneigt sein, die erstere als viel inniger und wesentlicher anzusehen.

Beide Vorgänge erscheinen jedoch bei den römischen Juristen in gewissem Zusammenhange. Namentlich hat Pomponius in seinem 30. Buch ad Sabinum, wie unsere viel citirte l. 30. D. de usurp. und l. 27. D. de a. r. d., insbesondere deren §. 2 beweisen, beide mit einander abgehandelt, wie es scheint, bei specieller Gelegenheit der Usucapion als Episode in der Lehre von dieser. Allem Anschein nach bildete l. 30 den Anfang dieser Einschaltung,[6] indem in deren princ. angekündigt wird, es solle untersucht werden, welchen Einfluss auf eine begonnene Usucapion rerum mixtura ausübe. Letzterer Ausdruck scheint uns sogar weit besser auf die substantielle Vermischung als auf die äussere

4) Vgl die Citate in Anm. 3; auch der Code Napoléon art. 551. ff. weicht in wichtigen Beziehungen ab: z. B. art. 554. 568 (Trennungsrecht des Herrn der pars accessoria).

5) Sehr mit Unrecht und zunächst schon auf Kosten der Klarheit werden dieselben bisweilen, z. B. von Windscheid Bd. 1. §. 189, zusammengeworfen.

6) Hommel in seiner Palingenesie druckt allerdings l. 27 cit. voran.

Verbindung zu passen, welche zunächst in §. 1. und 2. allein erwähnt wird, und umfasst sie jedenfalls auch im römischen Sinne. Um so mehr werden wir für die an die Spitze gestellte Darstellung von den tria corpora eine gewisse allgemeine Bedeutung für die gesammte fragliche Lehre vermuthen dürfen, und diese Vermuthung bestätigt sich durchaus.

Pomponius selbst schliesst sofort das tertium genus, das corpus ex distantibus, durch den bestimmten Ausspruch aus, dass die Vereinigung zu einer Heerde auf Eigenthum und Besitz an den einzelnen Thieren keinen Einfluss ausübt: eine Versicherung, welche von Paulus in l. 23. §. 5. D. de R. V. und in §. 28. I. de rer. div. ebenso bestimmt wiederholt wird. Es würden also nur die Vereinigung zu ἡνωμένα und συνημμένα als bedeutsam übrig bleiben. Beide Körpergattungen entstehen durch äussere Verbindung: wir werden finden, dass die rechtliche Wirksamkeit dieser letztern verschieden abgestuft ist, je nachdem das Ganze sich als res unita oder composita darstellt, während sie verschwindet, falls das Ganze unter keine von beiden Gattungen zu subsumiren ist. Die substantielle Vermischung erzeugt in der Regel überhaupt keinen einheitlichen Körper, weder der einen, noch der andern Art: damit harmonirt es, dass sie in der Regel die Rechtsverhältnisse nicht oder nicht wesentlich alterirt. *Es erschien den römischen Juristen die Verbindung bisher selbständig gewesener Dinge nur dann so erheblich, dass ihr eine Veränderung des Eigenthums folgen muss, wenn sie physikalisch — d. h. aber: nach der stoischen Physik — die Geltung der Dinge als corpora afficirt.* Dies soll jetzt im Einzelnen nachgewiesen werden.

1. Ich erinnere daran, dass die stoische Lehre sowohl bei κρᾶσις, der Vermischung flüssiger, wie bei μίξις, dem Zusammenschmelzen fester Stoffe, nicht annahm, dass sie sich zu einem Körper vereinigen, sondern dass sie einander nur durchdringen und denselben Raum einnehmen, im Uebrigen aber selbständig und unabhängig bleiben, und dass sie dies namentlich durch die freilich zum Theil eingebildete oder nur in der Theorie aufgestellte Scheidbarkeit der Substanzen demonstrirte, während nur

ausnahmsweise, namentlich bei flüssigen Stoffen durch sog. σύγχυσις eine neue Sache neuer Art entstehen sollte.

Genau daran schliesst sich das classische römische Recht an. Sollten die Normen der ältern Zeit damit wenigstens theilweise übereingestimmt haben, so dürfen wir doch die einschlagenden Sätze im Munde der classischen Juristen als deren eigenstes Product ansehen: wir treffen keine Berufung auf Gesetz oder Gewohnheitsrecht; sie werden wie speculativ gefunden oder wenigstens keiner Rechtfertigung durch positive Vorschrift bedürftig vorgetragen.

Beachtenswerth ist zunächst, dass in den hier fraglichen Fällen niemals Gewicht darauf gelegt oder überhaupt nur gefragt wird, ob etwa die eine Materie als principaler, die andere als accessorischer Bestandtheil der Masse anzusehen ist. Dass aber diese der Behandlung bei äusserer Vereinigung entsprechende Betrachtung hier gleichfalls an sich denkbar wäre, wird man nicht leugnen dürfen; sie liegt z. B. sogar sehr nahe bei der Legirung eines edlen Metalls mit einem geringern, wie Silber mit Kupfer (l. 12. §. 1. D. de A. D. 41, 1).

Statt dessen finden wir folgende Unterscheidung.

a. Werden sonst feste Substanzen mit einander verschmolzen, (commixtio nach der heut üblichen, μίξις nach der stoischen Terminologie), so darf keiner der Stoffeigenthümer das Ganze als Dominus in Anspruch nehmen;[7] sondern es behält jeder an seiner nach der stoischen Lehre intact gebliebenen Sache sein Recht und darf ihre Lösung erzwingen und sie vindiciren.[8] Ist aber die Wiedertrennung practisch nicht ausführbar, und dies gilt namentlich immer dann, wenn die Stoffe von gleicher Art gewesen sind,[9] so wird ebenfalls keinem von ihnen sein Eigenthum entzogen; denn utraque materia, etsi confusa, manet tamen,

---

7) L. 27. pr. D. de A. D. 41, 1: quidquid infecto argento et q. s.

8) L. 12. §. 1. D. de A. D. Die von Fitting Archiv Bd. 48 S. 324. f. erörterte Schwierigkeit entsteht nur durch seine Bestimmung der technisch so zu nennenden Specification; Formung von Metall ist eben keine für die Rechte an der Sache erheblich erachtete Veränderung, wenigstens für Callistratus.

9) L. 3. §. 2. l. 4. pr. D. de R. V.

wie Ulpian nach Pomponius in l. 5. §. 1. D. de R. V. sagt. Aber es ist practisch unmöglich, die Eigenthumsrechte beider, jedes an einem Theil des Stoffs fortdauern zu lassen, und es wird deshalb an Stelle derselben beiden Miteigenthum an der ganzen Masse zugeschrieben und zwar nach Verhältniss der Antheile, welche die beiderseitigen Stoffe davon ausmachen. Confunditur ius dominii, sagen die römischen Juristen von solchen Fällen;[10] der unsrige ist durchaus ähnlich und wird auch ausdrücklich verglichen jenem, dass die Eigenthumsrechte pro divisis partibus, welche an einem Grenzbaum bestanden haben, in Miteigenthum pro indiviso verwandelt werden, nachdem durch die Ausrodung des Baums die Fortdauer des bisherigen Concurrenz-Verhältnisses unmöglich geworden ist.[11]

b. Wenn ferner flüssige Stoffe zusammengegossen werden (confusio heutzutage, κρᾶσις bei den Stoikern genannt),[12] so wird auch hier als Regel angenommen, dass die beiden sich räumlich durchdringenden Körper in ihrer Integrität verharren. Dass jedoch die römischen Juristen auf das mögliche Gelingen des Experiments mit dem Epheubecher oder dem Oelschwamm keine Rücksicht nehmen, ist begreiflich: practisch besteht für sie hier allemal Untrennbarkeit der Vermischung, und daher sprechen sie dieselbe Umsetzung des Sondereigenthums in Miteigenthum hier schlechthin und sofort aus, welche bei commixtio erst eventuell angeordnet wird.

c. Es wird endlich auch von den Juristen die Möglichkeit zugegeben, dass die Vereinigung mehrerer Substanzen einen ganz neuen Stoff hervorbringt, eine novi corporis species (l. 7. §. 8. D. de A. D.), welche suam pristinam speciem non continet (l. 5. §. 1. D. de R. V.). Gajus in l. 7. §. 8. D. cit. und danach §. 27. I. de rer. div. stellen dies auch bei an sich festen Stoffen

---

10) L. 19. pr. D. comm. div. 10, 3. Bechmann Accession S. 33 charakterisirt den Vorgang richtig als eine blosse Veränderung in der Form und Beschaffenheit des Eigenthums.

11) L. 19. pr. D. comm. div. 10, 3. l. 83. D. pro socio 17, 2.

12) Gleichzustellen sein wird der von Bechmann Accession S. 41 besprochene Fall, dass ein fester Stoff in einem flüssigen aufgelöst wird, was nur geschehen kann, indem ersterer selbst in Flüssigkeit übergeht.

auf, indem sie das aus aurum und argentum zusammengeschmolzene electrum als eine neue Sache bezeichnen. In andern Stellen werden nur flüssige Substanzen angeführt: mulsum aus Wein und Honig, und — charakteristischer Weise dieselben Beispiele wie in der stoischen Literatur[13] — Salben und Heilmixturen.[14] Wie bei den Stoikern, bleiben wir ohne bestimmte Auskunft über die Kriterien einer solchen neuen Sache. Dass die factische Unmöglichkeit der Wiedertrennung dafür wenigstens nicht allein massgebend sein kann, ergiebt sich, falls l. 7. §. 7. D. de A. D. daran denken machen sollte, daraus, dass ja Pomponius und Ulpian in l. 5. §. 1. D. de rei vind. 6, 1 ganz bestimmt die blosse unscheidbare commixtio von der wirklichen Specification unterscheiden.[15] Deren entscheidendes Merkmal muss also anderweitig gesucht worden sein: es soll hier nicht untersucht werden, worin.

Die juristischen Schicksale der durch die Mischung ausnahmsweise erzeugten Sache zu erörtern, ist hier ebenfalls nicht der Ort. Es muss übrigens die media sententia hier im Resultat regelmässig mit der proculianischen Theorie zusammengetroffen sein, da, wenn auch Unscheidbarkeit allein nicht als beweisend galt, doch auch ohne dieselbe von nova species nicht gesprochen worden sein wird. —

Uebrigens deutet auch die Art, wie das Zusammenschütten von Getreide und dergl. behandelt wird,[16] auf enge Anlehnung an den Doctrinarismus der Stoiker, speciell an die oben S. 46. erwähnte Lehre von der *παράθεσις*, wonach das blosse *σωρηδὸν συγκεῖσθαι* für die Existenz der einzelnen Körper indifferent sein soll: quia singula corpora in sua substantia durant, wie es in §. 28. I. de rer. div. heisst. Ich glaube, dass bei unbefangener Berücksichtigung des praktischen Bedürfnisses man geneigt sein müsste, solches Zusammenschütten entweder wie die

13) Vgl. oben Seite 33. Anm. 32 die letzten Worte.

14) L. 5. §. 1. D. de R. V. l. 27. §. 1. D. de A. D. Gai. 2, 79. §. 25. I. de rer. div.

15) Vgl. Fitting Archiv Bd. 48. S. 21.

16) L. 5. pr. de R. V. §. 28. I. de rer. div.; von Bremer Vierteljahrsschr. Bd. 10. S. 59 mit der commixtio zusammengeworfen.

unscheidbare commixtio oder, noch besser, allgemein so zu beurtheilen, wie das römische Recht selbst bei Geldstücken that. Hier zwang die Juristen die Lebensnothdurft, welche in den sonstigen, seltenern Fällen weniger dringend auftrat und daher der speculativen Consequenz zu Liebe unberücksichtigt blieb. Unsere Literatur pflegt allerdings die Regel beim Gelde als etwas anomales und als positive Satzung zu bezeichnen, obgleich sie von der naturalis ratio, diese modern als Verkehrsbedürfniss verstanden, gefordert wird, während jene vermeintliche Consequenz doch nicht im Stande ist ohne wahre juristische Anomalie die Parteien auseinanderzubringen.[17] —

2. Was weiter die äussere Verbindung von mehrern bisher selbständigen Sachen betrifft, so darf von den üblichen drei Rubriken die erste: Unbewegliches tritt zu Unbeweglichem, hier ausser Betracht bleiben.[18] Die römischen Juristen selbst bringen sie entschieden nicht direct in innern Zusammenhang mit den andern beiden Combinationen: Bewegliches tritt zu Unbeweglichem und wieder zu Beweglichem, und stellen sie nicht mit diesen zusammen dar,[19] worauf allein freilich nicht unbedingt zu bauen wäre. Aber, was wichtiger ist: das Moment der körperlichen Verbindung kann wenigstens bei alveus relictus und insula schon deshalb nicht der Rechtsgrund des Eigenthumserwerbs sein, weil diese Verbindung für die Unterscheidung und Abgrenzung der einzelnen Grundstücke überhaupt indifferent ist und diese immer trotz der körperlichen Continuität der Flächen stattfindet. Auch bewährt sich die juristische Selbständigkeit der dem Uferbesitzer zufallenden Landstücke bekanntlich darin, dass die an dem Haupt-

17) Siehe z. B. Bechmann Accession S. 29. A. 2. coll. S. 30.

18) Vgl. deshalb besonders Bechmann Accession S. 13. ff.

19) Bei Gai. Inst. 2, 70. sq. 73. sq. sind sie nur äusserlich nebeneinander gestellt; in seinen res quotidianae (l. 7. 9. D. de A. D.) und in den diesen folgenden Institutionen Justinians sind sie durch die Specificationslehre getrennt. Pomponius bespricht unsere Lehre im 30., die Flussveränderungen im 34. Buch ad Sabinum (l. 30. D. de A. D.), Paulus erstere ad Sabinum libr. 14. (l. 6. D. ad exhib. 10, 4. l. 24. 26. D. de A. D.), letztere libr. 16. (l. 29. D. de A. D.): beide übrigens die letztere mit andern Dingen aus dem „Wasserrecht" zusammen.

fundus bestehenden sonstigen dinglichen Rechte nicht auf diese sog. Accessionen übergehen. Letzteres findet nur statt bei der Alluvion.[20] Für diese giebt es aber, meine ich, keinen bessern Vergleich als den mit der allmäligen Zunahme eines Thiers oder Gewächses an Körperumfang.[21] Ihre Auffassung als besonderes Grundstück wie insula und alveus verbietet sich durch praktische Rücksichten (incrementum latens); andererseits kann nur eine übel angebrachte Ueberschärfe darauf Gewicht legen, dass ja doch die einzelnen Erdpartikelchen von irgend einem fremden Grundstück herstammen müssen, um daraus eine Parallele zu plantatio u. s. w. herzuleiten.

Anders würde es in dieser Hinsicht bei der sog. avulsio stehen; hier handelt es sich in der That um nachweisbares fremdes Eigenthum, welches an den Uferbesitzer verloren geht. Die römischen Juristen mögen sie mit jenen drei andern Vorgängen im Flussbett zusammengestellt haben, weil sie zur Vollständigkeit des „Wasserrechts" gehört. Wollen wir in unserer Weise gruppiren, so müssen wir diesen Fall unter das zweite Rubrum: Bewegliches zu Unbeweglichem, stellen. Denn — die Institutionendarstellung bei Seite gesetzt, welche den Erwerb zunächst auf die Gewächse der Erdscholle bezieht.[22] — es handelt sich hier jedenfalls um Erdreich, welches seine Eigenschaft als res immobilis eingebüsst hat. —

Sehen wir nun ausschliesslich auf die angegebene zweite und dritte Combination der sog. Accession, so bietet sich uns

a. als erste Möglichkeit dar, dass von den verbundenen bisher selbständigen und im Eigenthum verschiedener Herrn

---

20) L. 18. §. 1. D. de pign. act. 13, 7. l. 9. §. 4. D. de usufr. 7, 1. l. 16. pr. D. de pign. 20, 1. l. 3. §. 2. D. de aqua 43, 20. Dernburg Pfandrecht Bd. 1. S. 437.

21) Huschke Zeitschr. f. Civilr. und Proc. Bd. 20. S. 249. f. Vgl. auch Fitting Rückziehung S. 96. A. [illegible], [illegible] Access. S. 18. Siehe besonders l. 16 pr. D. de pign. 20, 1 verb. alluvione major factus. Wie man dazu kam, die Alluvion dennoch bei Gelegenheit von wirklichen Eigenthumserwerben zu besprechen, siehe Göppert Erzeugnisse S. 94. A. 21.

22) §. 21. I. de rer. div. 2, 1. Bechmann S. 27.

gestandenen Sachen die eine sich als bloss accessorischer, für das Wesen des Ganzen unbedeutender Theil der durch beide zusammen gebildeten Sache darstellt, deren Haupttheil von der andern Sache gebildet wird, so dass das Ganze selbst betrachtet werden kann als diese letztere Sache, nur vermehrt, verbessert durch die andere. Wir finden hier bekanntlich zwei verschiedene Behandlungsweisen.

Bisweilen verliert der Eigenthümer der pars accessoria sein Recht an derselben ganz und definitiv, darf selbst, wenn er das Ganze besitzt, die Trennung nicht vornehmen (l. 53. D. de R. V.), ebensowenig sie im andern Fall mit der actio ad exhibendum erzwingen und erhält sein Eigenthum auch dann nicht zurück, wenn die Verbindung anderweitig aufgehoben wird.

Bisweilen dagegen ist sein Eigenthum jedenfalls dann wieder wirksam, wenn eine solche Trennung irgendwie erfolgt; auch kann er diese regelmässig nicht nur selbst bewirken, sondern deshalb sogar, wenn das Ganze sich in fremder Hand befindet, die Exhibitionsklage gebrauchen. In der Zwischenzeit aber gilt der Eigenthümer der andern Sache als dominus des Ganzen mindestens insofern, als er dasselbe vindiciren darf und ein dritter Besitzer nicht befugt ist, die als jetziger Theil dabei befindliche fremde Sache abzusondern oder aus ihrem Dabeisein einen Einwand herzunehmen. Hier erwachsen dann die weitern Fragen, ob in der Zwischenzeit das Eigenthum der sog. accessio nur ruht oder als untergegangen zu bezeichnen ist, und ob an derselben ein besonderer Besitz getrennt von dem am Ganzen unterschieden werden, also auch Usucapion stattfinden kann: Fragen übrigens, welche hier nicht beantwortet werden sollen. Hier interessirt uns nur die Abgrenzung der Gebiete für die beiden Behandlungsweisen.

In unserer Literatur herrscht darüber eine gewisse Unsicherheit. Häufig wird die Combination: Bewegliches zu Unbeweglichem, ganz .gesondert gehalten und bei ihr unterschieden, ob die Verbindung organisch oder mechanisch ist. Sehr verfehlt wird von Andern allgemein oder nur für die zweite Combination nach der Möglichkeit der Trennung oder mit weniger einfachen Worten, die auf dasselbe hinauslaufen, danach gefragt, ob die accedirende Sache ihr bisheriges abgesondertes Dasein unwiderruflich verloren habe oder nicht. Es fragt sich doch besonders gerade darum, was von der pars accessoria gelten soll, wenn die Trennung geschehen ist und sie dadurch wieder ein abgesondertes Dasein wirklich erhalten hat: wo die Trennung physisch unmöglich sein sollte, hat die ganze Unterscheidung jedenfalls nur ein theoretisches Interesse. Viele unterscheiden daher ausser danach, ob die Accession die Fähigkeit zu künftiger selbständiger Existenz eingebüsst hat, nach der Möglichkeit unversehrter Trennung, Andere nach der Möglichkeit der Trennung ohne Zerstörung: fragt sich beidemal, ob an die Integrität des — nothwendig leidenden — Ganzen, des Haupt- oder des Nebentheils gedacht werden soll. Practisch wäre Beides nicht, ebensowenig wie die Rücksichtnahme auf die Kosten, welche das sächsische Gesetzbuch §. 249 vorschreibt; es lässt sich ja doch in recht vielen Fällen nicht in Voraus feststellen, wie die Lösung ablaufen oder was sie kosten wird. Besser ist es dann schon, die Frage auf die Gefährlichkeit der Operation abzustellen; nur ist diese wieder sehr verschieden, je nachdem man tüchtige oder weniger geschickte Arbeiter zur Disposition hat. Noch Andere sehen auf die Schwierigkeit der Lösung oder die Dauerbarkeit der Verbindung (ferruminare, eisenfest!). Gegen alldas ist die schlagendste Entgegnung die, dass zwar wohl bei substantieller Vermischung, aber bei äusserer Verbindung niemals die Quellen auf die Festigkeit der Vereinigung, die Schwierigkeit, Bedenklichkeit, Schädlichkeit der Trennung das geringste Gewicht legen, nie auch nur darauf hindeuten.

Bisweilen wird auf principielle Ergründung ganz verzichtet und einfach die Reihe von Aussprüchen in den Quellen wiedergegeben. In der That besteht unser Quellenmaterial zum weitaus überwiegenden Theil aus casuistischen Erörterungen, welche einzelne Fälle concret entscheiden ohne Angabe der Motive; auch die zusammenhängende Darstellung in den Institutionen von Gajus und Justinian giebt nur ein Mosaik von solchen kurz erledigten Beispielen. Aber die Principien, von welchen dabei ausgegangen wird, sind in zwei Pandektenstellen mit Bestimmtheit angegeben, so dass wir ihre Feststellung im Grunde leichter haben, als in mancher andern Lehre. Zunächst unsere vielbesprochene l. 30. D. de usurp. von Pomponius, welche mit specieller Beziehung auf die Usucapionsfrage nicht nur die Eintheilung in res unitae u. s. w. vorträgt, sondern auch ausdrücklich für die res compositae und zwar bewegliche wie unbewegliche die mildere Behandlung statuirt, während sie von dem primum genus sagt, dass es usucapione quaestionem non habet — weil hier eben jener sofortige definitive Eigenthumsverlust für den dominus der zugetretenen Accession gilt. Sodann motivirt l. 23. §. 5. D. de R. V. von Paulus bei Gelegenheit der Vindicationsfrage in einem practisch hervorragenden Fall, in welchem ein bewegliches neues Ganzes eine res unita ist, den vollen Eigenthumsverlust ausdrücklich durch jene Beschaffenheit des Ganzen, gegenüber der andern geringern Wirkung bei res compositae und der Gleichgültigkeit der Verbindung zu corpora ex distantibus.[23] Ich möchte glauben, dass man diese beiden

---

23) Der Gedankengang der l. 23. cit. von §. 2. an ist folgender. Paulus bespricht §. 2 bis 5 den Einfluss der Adjunction auf die Vindication bei Mobilien, von §. 6 an bei Immobilien, welcher letztere Theil nur verstümmelt vorliegt. Im erstern Theil sagt er, zunächst ohne Unterscheidung von res unitae und compositae, dass die Zufügung eines Stücks aus fremdem Eigenthum kein Hinderniss für die Vindication des Ganzen seitens des dominus der res principalis bildet, obgleich darüber Zweifel möglich, welches diese letztere sei (§. 2. 3.). Der dominus der res accessoria dagegen hat als Besitzer Retentionsrecht (§. 4). Vindiciren kann er jedenfalls einstweilen nicht; regelmässig jedoch darf er die actio ad exhibendum anstellen und sich dadurch die Vindication verschaffen. Letzteres ist jedoch ausgeschlossen im Fall der ferruminatio, welche Continuität der Substanz hervorbringt (dies ist bei Mobilien der Haupt- oder einzige Fall des Entstehens einer res unita, wobei an sich die Wiederabtrennung möglich und practisch nützlich sein würde). Wenn diese vorliegt, ist der gewesene Eigenthümer der Accession auf einen Ersatzanspruch mit actio in factum beschränkt. Ganz im Gegensatz dazu ist die Untermischung unter eine Heerde für das Eigenthum am einzelnen Thier und folglich auch dessen Vindication ganz indifferent. Bei corpora cohaerentia d. i. unita wie in dem obigen Beispielsfall einer Statue, an welche ein Arm „ferruminirt“ ist, ist solches Fortbestehen des Eigenthums an der pars accessoria gerade deshalb unzulässig, weil sie unita sind, uno spiritu continentur (und dadurch jenes unitate majoris partis consumi eintritt: siehe unten Seite 90).

deutlichen Hinweisungen auf die ratio der Unterscheidung nur deshalb meistens unterlassen hat wirklich zu benutzen, weil man den Unterschied der res unitae und compositae regelmässig nicht richtig auffasst, so dass er sich nicht mit der Casuistik der sog. Accessionsfälle zu decken scheint.[24]

In der That ist jedoch dieser Parallelismus ein vollständiger. Wie die Mehrzahl der Producte menschlicher Kunstfertigkeit sich als res compositae darstellt, so bildet auch die mildere Behandlung der pars accessoria die Regel, und die Quellenbeispiele dafür sind durchweg wirklich zusammengesetzte Sachen. Ich führe insbesondere an: die Einfügung eines Edelsteins in einen Ring,[25] die Befestigung des Rades an einem Wagen,[26] die Formularbeispiele der Stoiker: armarium und navis,[27] die von Paulus als Gegensatz zur ferruminatio in l. 23. §. 5. D. de R. V. hervorgehobene adplumbatio, von welcher ich an andern Orte nachgewiesen habe, dass darunter nicht Löthung, sondern Befestigung durch in eine Fuge zum bessern Halt gegossenes Blei, durch Bleireifen oder Bleihäkchen zu verstehen ist. An diese oder ähnliche Befestigung ist auch zu denken, wenn wir von sigillum candelabro inclusum, emblemata phialae oder ansa scypho juncta oder brachium statuae coadunatum lesen:[28] ferruminatio, die in solchen Fällen sachlich möglich, kann nicht gemeint sein, da diese ja unzweifelhaft definitiven Eigenthumsverlust bewirkt. Als res compositae sind auch Gewebe und Gewänder zu betrachten; dem entspricht die Behandlung von Purpurfäden oder Streifen, welche Jemand in ein Gewand oder einen Gewandsstoff einwebt.[29] Endlich gehört hierher die

---

24) Die Verbindung selbst ist erkannt von Girtanner Jahrb. f. Dogmat. Bd. 3. S. 177—189, aber seine Darstellung ist (insbesondere auch in Folge falscher Auffassung der beiden Begriffe) gänzlich verfehlt.

25) L. 30. §. 1. D. de usurp. 41, 3. l 6. D. ad exhib. 10, 4.

26) L. 7. §. 1. D. ad exhib. 10, 4.

27) L. 7. §. 2 D. ad exhib. 10, 4.

28) L. 6. 7. §. 2. D. ad exhib. 10, 4.

29) L. 7. §. 2. D. ad exhib. 10, 4. Der Widerspruch des §. 26. I. de rer. div. 2, 1 (vgl. Bechmann Accession S. 44) beruht vielleicht nur auf einem Versehen der Compilatoren, deren Arbeit hier überhaupt nicht

Errichtung von Gebäuden aus Material des Einen, die Einfügung von Weinbergpfählen, ebenso aber auch von Zäunen oder was sonst auf dem Grundstück eines Andern, auch die Benutzung einzelner fremden Materialien bei einem Bau. Nichts ist bekannter, als dass hier kein definitiver Verlust des Materials u. s. w. an den Eigenthümer des Grundstücks, welches letztere immer als die res principalis gilt, eintritt, nur dass in den meisten dieser Fälle die Exhibitionsklage utilitatis causa ausgeschlossen ist. Andererseits ist es ebenso gewiss, dass ein Haus mit dem Grund und Boden, in welchem es steht, als res composita zu betrachten ist: führt doch Pomponius in l. 30. D. de usurp. nicht bloss, seinen stoischen Quellen folgend, aedificium als Beispiel der *συνημμένα* an, sondern bespricht auch speciell daran die den res compositae eigenthümliche usucapionis quaestio.

Sehen wir ferner nach den Fällen, in welchen der Eigenthümer des neuen Nebentheils sein Recht daran unwiderruflich verliert, so sind diese wieder durchweg solche, in welchen das Ganze seiner physischen Beschaffenheit nach möglicherweise eine res unita sein kann.

Dies gilt zunächst von der sog. satio und plantatio, bei beiden Wurzelschlagen der Pflanze vorausgesetzt, so dass sie zu dem Grund und Boden in eine — wenigstens nach der Anschauung des Alterthums — organische Verbindung getreten ist und als natürlicher Theil des Grundstücks gilt, auf welchem sie sich befindet. Ganz gleich steht es mit der sog. avulsio, wobei es ziemlich gleichgültig sein wird, ob wir hier als das eigentlich interessirende Object des Vorgangs mit den Pandekten die Scholle oder mit den Institutionen die Pflanzen darauf ansehen: deren

---

sehr zu loben ist. Nachdem in §. 25. die Verfertigung eines vestimentum aus eigener und fremder Wolle als Specification bezeichnet worden, sollte der ebenfalls bei vestimenta denkbare andere Fall, dass eine der Zuthaten sich nur als pars accessoria qualificirt, zur Vermeidung von Missverständnissen nicht unerwähnt bleiben; dieses Einschiebsel ist ungeschickter Weise mit dem aus Gajus 2, 79 entnommenen Satz über die Klagen des durch Specification beeinträchtigten in Zusammenhang gebracht, welcher eben die — durch den Zusatz unterbrochene — Lehre von der Specification schliessen sollte.

Verwurzlung bedeutet eben auch das in anderer Weise nicht denkbare[30] Verwachsen der Bodenmasse mit dem Erdreich des anstossenden festen Ufers, d. h. die Herstellung wirklicher Continuität. Nichts Anderes wird unter dem coalescere einer vom Nachbargrundstück auf meinen Fundus gerathenen crusta zu denken sein, von welchem es in l. 9. §. 2. D. de damno inf. 39, 2 heisst: crustam unitatem cum terra mea fecisse, so dass sie von dem Nachbar nicht mehr vindicirt werden kann.[31]

Bei Mobilien ist der wichtigste Fall der der ferruminatio; ich habe schon oben auf den an anderer Stelle von mir gelieferten Beweis Bezug genommen, dass sie Schweissen, Löthen, Kitten, Kleben, Leimen umfasst, also lauter Verbindungsweisen, welche Adhäsion zwischen den zusammengebrachten Dingen hervorbringen, so dass auch hierbei aus der Art der Verbindung kein Hinderniss für die Auffassung des Ganzen als ἡνωμένον besteht.

Adhäsion zwischen dem als pars principalis und dem als nebensächlich angesehenen Theile besteht übrigens auch in denjenigen Fällen, in welchen, wie die gangbare Wendung lautet, der letztere durch die Verbindung selbst die Fähigkeit künftiger eigener Existenz verliert. Es adhärirt der Farbstoff an dem Gewebe,[32] die für die Schrift benutzte Schwärze oder sonstige Tinte an dem Pergament oder Papier, die Farbe an der für das Gemälde benutzten Holztafel, der Zinnüberzug an der Fläche des verzinnten Gefässes,[33] eine Vergoldung u. dgl. Hier trifft allerdings das Rechtsverbot die Theilung zu verlangen mit deren physischer Unmöglichkeit oder wenigstens mit ihrer vollständigen Nutzlosig-

30) Ich denke, dass dies nicht „die Entscheidung eines Juristen über Dinge ist, die er als Jurist gar nicht zu entscheiden hat" (Bremer, Vierteljahrsschr. Bd. 10. S. 32), sondern die Constatirung einer Thatsache, mit welcher er rechnen muss.

31) Crusta - Rasenstück: Bechmann, Accession S. 27. A. 4.

32) L. 26. §. 3. D. de A. D.: die berufene Vergleichung mit Schmutzflecken beweiset, dass Bechmann Acc. S. 41. im Sinn der Römer Unrecht thut, die Färbung als Eindringen eines flüssigen Körpers in einen festen zu qualificiren: sie ist ihnen nur Ueberziehen der Oberfläche mit dem Farbestoff.

33) L. 27. pr. D. de A. D. (über plumbare siehe mein Programm über die Bedeutung von ferruminare S. 31).

keit für den gewesenen Eigenthümer des adhärirenden Stoffs zusammen, so dass von Interesse nur die Frage ist und daher auch von den römischen Juristen allein besprochen wird, was hier als pars principalis angesehen werden soll, welche die andere nach sich zieht.

Wo aber die Trennung möglich ist, also bei satio, plantatio und ferruminatio, und dennoch der Zwang dazu und die Wiederherstellung des alten Eigenthums nach eingetretener Lösung ausgeschlossen wird, geben die Juristen einen Grund an, welcher aus dem Wesen der res unita hergenommen ist, und sonach erkennen lässt, dass sie in dem neuen Ganzen wirklich eine solche sahen. Von dem eingepflanzten Baum sagt l. 26. §. 2. D. de A. D., seine Behandlung rechtfertigend, credibile esse alio terrae alimento aliam factam esse; bei der ferruminatio sprechen Cassius und Paulus in l. 23. §. 5. D. de R. V. von einem consumi unitate majoris partis, während für das Accessionsverhältniss allein, wie es auch bei res composita gilt, in §. 3. cj. leg. nur gesagt wird: mea res per praevalentiam alienam rem trahit. Es ist die pars accessoria in jenen Fällen überhaupt nicht mehr dieselbe Sache, indem sie jetzt als von der *φύσις* oder *ἕξις* des grössern Dings erfasst und erfüllt gilt, nicht mehr von derjenigen, welche früher sie beseelte, ehe sie in die Verbindung gelangte.

Hat nun die stoische Lehre hier nur zur theoretischen Rechtfertigung einer Unterscheidung gedient, welche schon von Altersher gemacht wurde? oder ist ihr Einfluss auf diese ganze Lehre ein positiv gestaltender gewesen?

Die Unterscheidung selbst ist nicht naturwüchsig, sondern ausgeklügelt; ein practisches Bedürfniss, welches wo Trennung physisch möglich, dazu nöthigte, sie in dem einen Fall auszuschliessen, in dem andern zuzulassen, ist nicht vorhanden. Practisch empfehlenswerther erscheint allgemein die Annahme der stärkern Wirkung der Verbindung, welche definitiven Rechtsverlust an dem Nebentheil anordnet, weil sie das geschaffene Ganze conservirt.[34] Die andere Behandlung, welche das Recht

34) Daher auch die Vorschriften Code Napoléon art. 554. und sächs. Gesetzb. §. 284. f. zu billigen, welche die inaedificatio der implantatio gleichstellen.

an der Accession aufrecht erhält, entspricht dagegen mehr einem stark entwickelten Respect vor dem Eigenthum, wie ihn namentlich das ältere römische Recht zeigt. Dass sie in diesem wirklich allgemein gegolten hat, lässt sich aus der Vorschrift der Zwölf Tafeln über die tigna aedibus vineaeve juncta entnehmen: diese erscheint als ein Ausweg, um die in den fraglichen Fällen besonders hervortretenden praktischen Unzuträglichkeiten zu mildern, welche aus der Anerkennung des fortbestehenden Eigenthums an dem Baumaterial entspringen. Wenn man hier, wo die Nützlichkeit so dringend zur Einschlagung jenes andern Wegs aufforderte, ihn dennoch nicht wählte, so ist dies nur erklärlich, wenn er damals auch in keinem andern Fall bekannt war.[35] Ich wage es deshalb als wahrscheinlich zu bezeichnen, dass eben dieser Weg und sonach überhaupt die Unterscheidung der beiden Gruppen erst der Aufnahme der stoischen Körperlehre ihren Ursprung verdanken.[36]

b. Während bei satio und plantatio der Grund und Boden als pars principalis von selbst gegeben ist, ebenso in den Fällen des Färbens und Schreibens der Stoff, an welchem die Farbe oder Schwärze anhaftet — beim Gemälde ist bekanntlich Streit gewesen, — kann gerade bei ferruminatio der Fall sich ereignen, dass von den zusammengebrachten Sachen keine unter irgend welchem Gesichtspuncte den Vorrang vor der andern verdient: dann ist die Vorstellung der Absorption der einen durch die ἕξις der andern unmöglich, und es wird die aus dieser abgeleitete rechtliche Behandlung des entstandenen Ganzen un-

35) Für satio und plantatio vermuthet auch Bechmann S. 23. den spätern Ursprung des Eigenthums-Untergangs an der Pflanze.

36) Die Erörterung, utra res alteri accessioni sit, welche bei beiden Gruppen stattfindet, muss auch schon vor ihrer Unterscheidung und solange allgemein nur die mildere Auffassung galt, von den Juristen angestellt worden sein; dies der Grund, weshalb ich in der Einleitung S. 4 Bedenken getragen habe, aus l. 26. §. 1. D. de A. D. zu schliessen, dass Servius und selbst dass Labeo — von welchem es sonst nicht unwahrscheinlich — unsere Lehre angenommen haben. Für Labeo würde selbst l. 26. §. 3. cit. nicht beweisen. Uebrigens hat sich vielleicht der ebenfalls S. 4 bemerkte etwaige Dissens (plerique l. 23. §. 2. D. de R. V.) auch nur auf die Kriterien der pars principalis und accessoria bezogen.

statthaft. Wie in l. 27. §. 2. D. de A. D. erwogen wird, konnte man daran denken, dasselbe für eine neue Sache anzusehen und nach den Grundsätzen von der Specification zu behandeln. Dann hätte man also die äussere Art des Zusammenhangs, welche die Annahme der engsten Einheit an sich möglich macht, genügen lassen müssen, um sie auch hier ohne Weiteres wirklich zu statuiren, und man musste dann allerdings eine ganz neue Sache entstanden glauben, durch die Vereinigung des Wesens der beiden partes, da das Ganze nicht als Fortsetzung einer von ihnen allein gelten konnte. Wir sehen aber, dass Andere diese Bildung einer neuen Sache mit neuem Wesen nicht glaubten. Dann konnte man, da keine die andere absorbirt, vielmehr beide als unverändert fortbestehend ansehen. Dabei wieder bot sich die Möglichkeit, die Verbindung selbst doch wenigstens insoweit zu respectiren, dass die bisherigen Sonderrechte in ähnlicher Weise in Miteigenthum umgesetzt wurden, wie bei commixtio und confusio, auf deren Analogie sie ausdrücklich Bezug nahmen. Proculus und Pegasus, und zwar wie es scheint unter Beifall des Pomponius, des Verfassers der l. 27. cit.,[37]) nahmen auch dies nicht an, wahrscheinlich in Rücksicht darauf, dass bei commixtio und confusio jene Umsetzung doch nur dann stattfindet, wenn und weil die Wiederaufhebung der Vereinigung unmöglich ist, während diese bei bloss äusserer Verbindung stets vorgenommen werden kann. Sie lassen vielmehr suam cujusque rem manere: d. h. die Verbindung soll gar keinen Einfluss auf die Eigenthumsrechte äussern; jedem bleibt seine Sache, Keiner kann das Ganze vindiciren, jeder nur, nach vorgängiger Exhibitionsklage, sein von dem andern wiederabgelöstes Stück.[38] Diese wohl auch in Justinians Sinn als siegreich

---

37) Denn in dem vorgehenden Satze videamus — ferruminata est kann des Pomponius eigene Meinung (Girtanner Jahrb. Bd. 3. S. 281) schon deshalb nicht enthalten sein, weil er sich ja zwischen den zwei darin als möglich aufgestellten Ansichten nicht entscheidet.

38) Ich gebe sonach die von Krüger Zeitschr. f. Gesetzgeb. und Rechtspflege in Preussen Bd. 3. S. 792 mit Recht getadelte überkünstliche Auslegung des suam cujusque manere in meinem oben citirten Programm S. 6. als unrichtig auf, und lasse jenen Worten ihre natürliche Bedeutung.

zu bezeichnende Ansicht führt den Gedanken: die Verbindung zweier Sachen solle, soweit nicht physische Nothwendigkeit zum Nachgeben zwingt, nur dann Einfluss auf die Rechtsverhältnisse üben, wenn das Ganze sich wirklich als unum corpus im Sinn der stoischen Naturbetrachtung darstellt, vollständig auf die Spitze. Es ist zu bemerken, dass dabei die eigene sachliche Bedeutung des durch die Verbindung hergestellten Ganzen, dessen etwaige Eigenschaft als „Sache" im Sinn des Verkehrs ganz ausser Beachtung gelassen wird.

Während also bei Ebenbürtigkeit der zusammengebrachten Stücke ein ἡνωμένον nicht entsteht, weil es trotz der Continuität zwischen ihnen nicht zu einheitlicher Beseelung kommt, kann ein συνημμένον durch mechanische Vereinigung mehrerer Dinge sehr wohl hervorgebracht werden, obgleich keines derselben dergestalt sich als hauptsächlicher Bestandtheil darstellt, dass die übrigen von ihm und dem an ihm bestehenden Rechte angezogen werden. Hier, denke ich, ist dann der Gesichtspunct der Specification angewendet worden. Die Stellen, in welchen die Anfertigung von res compositae — eines Schiffes,[39] subsellium, armarium, vestimentum — als Specification aufgefasst wird,[40] sprechen zunächst nur von dem Fall, dass das ganze so verarbeitete Material einem Einzigen gehörte, und entscheiden also nur zwischen diesem Einen und dem Verfertiger über das Eigenthum an dem neuen cupresseum, laneum corpus. Es besteht kaum ein Hinderniss, davon auch für den Fall Gebrauch zu

39) Hier der Dissens zwischen l. 61. D. de R. V. 6, 1 und den Stellen der nächsten Anm.

40) L. 18. §. 3. D. de pign. act. 13, 7. l. 7. §. 7. l. 26. pr. D. de A. D. Gai. 2, 79. §. 25. I. de rer. div. 2, 1. Bechmann Archiv Bd. 47. S. 32. leugnet hier die Geltung des Specificationsbegriffs mit entschiedenem Unrecht. Dass das Bauen eines Hauses nicht so aufgefasst wurde, ist kein Argument dagegen; denn wo, wie in diesem Fall, Eines, hier der Grund und Boden, als pars principalis anerkannt wird, ist eben das Ganze keine neue Sache, sondern die verbesserte, vermehrte etc. alte Sache, welche die accessio an sich gezogen hat. Will man ferner wegen l. 61. D. de R. V. die Anfertigung eines Schiffs fallen lassen, so bleiben armarium, subsellium, vestimentum als beweisende Beispiele übrig. Vgl. auch l. 6. D. de auro leg. 34, 2 und Fitting Archiv Bd. 48. S. 17. f.

machen, dass die verbundenen Stücke Eigenthum Mehrerer gewesen sind. Mit den Sabinianern wäre ihnen das neue Ganze zu Miteigenthum zuzusprechen, während nach proculianischer Lehre der Fabrikant als dominus desselben anzusehen sein würde, und die media sententia recte existimantium bald zu dem einen, bald zu dem andern Resultat führen müsste, je nachdem es an sich möglich ist oder nicht, die verbundenen Stücke nicht nur zu trennen, sondern auch im Uebrigen in ihren frühern Zustand zurückzuversetzen.

Dass endlich die mechanische Befestigung einer Sache an einer andern, welche nicht perpetui usus causa, sondern zu irgend welchem vorübergehenden Zweck geschieht, so dass auch keine res composita entsteht, für die Rechtsverhältnisse irrelevant ist und nur etwa nöthigt, der Vindication die Exhibitionsklage voranzuschicken, bedarf keines besondern Beweises.

---

§. 3.

Die corpora ex distantibus.

Der dritten Körpergattung ist vielleicht ausserhalb des Sachenrechts ein gewisser Einfluss auf die römische Jurisprudenz zuzuschreiben, welcher hier nur angedeutet werden kann. Die Auffassung von populus, legio und andern jure aut officio verbundenen Vereinigungen als corpora ex distantibus ist möglicher Weise für die Richtung bei der juristischen Ausbildung der Lehre von den Corporationen nicht unwesentlich gewesen. Gewiss ist, dass die römischen Juristen keine Spur von der sozusagen Verlegenheit zeigen, in welcher wir uns dieser Lehre gegenüber befinden. Das Befremdliche, welches die Ausdrücke corpus, corpus habere und selbst unser höchst gangbares Wort „Corporation" im Grunde genommen haben, schwindet durch die Erinnerung an das stoische *σῶμα ἐκ διεστώτων*.

Von unmittelbarer Bedeutung ist für uns die Rolle, welche auch dieser Begriff in seiner Anwendung auf Rechtsobjecte spielt, also in Betreff der Heerde.

Wiederholt wird als eine wichtige Eigenschaft dieses Gesammtkörpers betont, dass er von dem Wechsel der einzelnen Thiere unabhängig ist, dass es dieselbe Heerde bleibt, wenn einzelne Thiere ausscheiden und neue zutreten, und sogar, wenn durch den fortwährenden Wechsel schliesslich nicht ein einziges derjenigen Thiere mehr vorhanden ist, welche zu einem gewissen frühern Zeitpunct die Heerde gebildet haben; auch wird dies keineswegs auf die Ergänzung durch den eigenen Nachwuchs beschränkt, sondern auf die Substitution zugekaufter Stücke bezogen.[1] Es entspricht dies der Indifferenz der *ῥύσις* der Substanztheile bei den *ἡνωμένα* und des Wechsels der einzelnen Stücke bei den *συνημμένα* für den Bestand der Körper[2] und ist in der That durch die Auffassung der Heerde als e i n e s K ö r p e r s, w e l c h e r h a n d e l t u n d l e i d e t, unmittelbar gegeben im Gegensatz zu unsern „Sachgesammtheiten," welche nur der momentanen subjectiven zusammenfassenden Betrachtung ihre vorübergehende Quasi-Existenz verdanken.

Es fragt sich, in welcher Weise die römischen Juristen, den Begriff der Heerde als solches corpus nutzbar gemacht haben.

Ich warnte schon früher im Allgemeinen vor Ueberschätzung der Rolle, welche unsere Körperlehre und Eintheilung gespielt hat; namentlich erklärte ich es für unrichtig, dass letztere als Eintheilung der Rechtsobjecte angesehen werden dürfte. Immerhin sind aber doch *ἡνωμένα* und *συνημμένα* als Ganze wirklich Objecte von dinglichen Rechten. Unsere ältere Doctrin war geneigt an ihren universitates rerum ebenfalls Eigenthum, Niessbrauch u. s. w. zu statuiren, ohne sich um wirklichen Beweis und practische Durchführung dieser Rechte viel zu bemühen. Neuerdings ist viel unnöthiger Scharfsinn verschwendet worden, die Vorstellung von Eigenthum u. s. w. an der Gesammtheit,

1) L. 22. D. de leg. 1. §. 18. I. de leg. 2, 20 und besonders l. 3. pr. D. de R. V. 6, 1 l. 30. §. 2. D. de usurp. 41, 3.

2) L. 76. D. de iud. 5, 1. Beiläufig bemerkt, verbietet auch diese Indifferenz des Wechsels der Substanztheile die gangbare Beziehung des alio terrae alimento aliam factam in l. 26. §. 2. D. de A. D. auf die veränderte stoffliche Zusammensetzung der Pflanze, statt auf die Aenderung des sie beseelenden *πνεῦμα* (vgl. oben S. 90).

unterschieden von den Rechten an den einzelnen Gliedern, innerlich plausibel zu machen und aus den Quellen zu erweisen, und zwar gerade in specieller Beziehung auf greges, auf welche von den fraglichen Schriftstellern der ganze traditionelle Begriff reducirt wird. Ich muss all solche Theorien auch für den grex als corpus ex distantibus und trotz dieser seiner Qualificirung als unrömisch bezeichnen.

Für das vermeintliche Eigenthum an universitates und jetzt noch wenigstens an der Heerde bildet den einzigen Anhalt aus den Quellen die vindicatio gregis mit ihrer intentio auf gregem meum esse. Ich bin in der angenehmen Lage auf die ermüdende Widerlegung der überkünstlichen Auslegungen, welche die einschlagenden Stellen erfahren haben, verzichten zu können, indem ich mich auf die Erörterungen von Exner[3] beziehe. Sie beweisen durch Herstellung der einfach natürlichen Interpretation, dass der Beklagte nur diejenigen Thiere herausgiebt, an denen Kläger sein Eigenthum speciell nachgewiesen hat, nicht auch aliena capita, d. h. alle diejenigen, welche dem Kläger nicht gehören, gleichviel, ob der Beklagte oder irgend wer sonst Eigenthümer ist, und ferner, dass dem abgewiesenen Kläger die exceptio rei iudicatae auch dann entgegensteht, wenn er künftig nicht wieder die Heerde, sondern ein einzelnes Stück fordert. Danach ist gewiss, dass die Gesammtvindication materiell nur Vindication der einzelnen Stücke ist, dass trotz der Intentio *gregem* meum esse doch nur über das Eigenthum an den einzelnen Viehhäuptern verhandelt wird: m. a. W., dass es kein dominium gregis im vorausgesetzten Sinne gegeben hat.

Ebensowenig existirt ein Pfandrecht an einer Heerde als solcher. Für seine Annahme giebt es auch nicht eine Aeusserung in den Quellen, welche mit einigem Schein geltend gemacht werden könnte. Dass der eigene Nachwuchs der verpfändeten Heerde gleichfalls haftet, beweist sicherlich nichts, wie ich schon S. 59 bemerkt habe. Wären nicht die einzelnen Thiere Pfandobject, sondern das corpus ex distantibus, oder wäre nur überhaupt

3) Rechtserwerb durch Tradition S. 217. ff. Vgl. auch Dernburg Pfandr. Bd. 1. S. 454. ff.

die Natur der Heerde als solches hier von Einfluss,[4] so würde die wichtigste praktische Folge sein, dass vermöge der oben hervorgehobenen Eigenschaft desselben in der That auch die zugekauften Stücke unvermeidlich in das Pfandrecht fallen müssten. Wenn dies im ganzen Corpus Juris nicht gesagt wird, so ist dies keine Lücke (Baron), sondern beweist gerade, dass für das Pfandrecht eben die Qualität der Heerde als corpus nicht in Betracht kommt.

Beim Niessbrauch sind es zwei bei Heerden sich findende Besonderheiten, welche zur Construction eines Rechts an der Gesammtheit als solcher benutzt worden sind.[5]

Einmal der Satz der l. 31. D. quib. mod. ususfr. 7, 4: quum gregis ususfructus legatus est, et usque eo numerus pervenit gregis, ut grex non intelligatur, perit ususfructus. Indessen kann er nicht aus dem Einheitsbegriff abgeleitet sein; es findet sich dasselbe ausgesprochen für das Legat eines Niessbrauchs an einem Viergespann, welcher gleichfalls erlöschen soll, wenn durch den Tod eines der Thiere die Vierzahl zerstört ist.[6] Die einfache Erklärung dafür liegt in der Beschränkung, welche in einer derart gefassten Bestellung des Ususfructus an den Thieren für das Recht selbst gegeben ist: der Niessbraucher soll nicht uti frui in jeder beliebigen, an sich bei Thieren denkbaren Art, sondern in der Weise, wie man gerade die zu einer Heerde, einem Viergespann vereinigten Thiere zu benutzen pflegt. Ist diese besondere Benutzungsart nicht mehr möglich, so muss von selbst das nur darauf gerichtete Recht sein Ende finden. Wollte man das Erlöschen des Niessbrauchs daraus erklären, dass nicht die einzelnen Thiere, sondern der grex sein Object bilde und dieses Object untergegangen sei, so müsste man auch die gleichfalls den Niessbrauch zerstörende Verwendung eines zum Schauspieler ausgebildeten Sclaven für andere Dienste[7] und ähnliches

---

4) Kuntze Institutionen Bd. 1. S. 440, welcher eben daraus übrigens auch das Ausscheiden abverkaufter Stücke zu folgern scheint.

5) Vgl. dagegen Exner Tradition S. 237.

6) L. 10. §. 8. l. 11. D. quib. mod. ususfr. 7, 4.

7) L. 12. §. 1. D. eod. Vgl. übrigens auch Girtanner in Gerber's und Ihering's Jahrb. Bd. 3. S. 149.

als Untergang der betreffenden Sachen ansehen. Die Verringerung der Zahl der Viehhäupter steht der rei mutatio beim Niessbrauch einzelner Dinge gleich, welche ihn auch nur deshalb zerstört, weil die bestimmte durch den Willen des Bestellers oder die Umstände vorgezeichnete Nutzungsweise vereitelt wird.

Ebensowenig beweisend ist die bekannte Substitutionspflicht beim ususfructus gregis. Sie beruht nicht auf Gründen aus dem Rechtsobjecte und aus dessen juristischen Eigenthümlichkeiten: in diesem Fall müsste man eine dinglich wirkende Schranke der Niessbraucher-Befugniss erwarten, während nach der bestimmten Angabe der l. 70. pr. D. de usufr. 7, 1. nur eine Obligation des Usufructuars angenommen wird. Diese aber ergiebt sich aus seiner durch die cautio usufructuaria vermittelten Pflicht zum bene frui.[8] Auch dass sie wegfällt, wenn der Erblasser nicht „die Heerde", sondern die einzelnen Thiere zum Niessbrauch beschieden hat, begreift sich leicht: „die Heerde" ist wirthschaftlich etwas anderes, als eine blosse Zahl einzelner Viehhäupter, — darum aber kein selbständiges Rechtsobject.

Dass endlich die Heerde als solche nicht Gegenstand des Besitzes bildet, — was übrigens nach ihrer stoischen Auffassung als wirkliches corpus eher zu begreifen wäre, als nach den modernen Demonstrationen ist in l. 30. §. 2. D. usurp. 41, 3. so ganz expressis verbis gesagt, dass man sich wahrhaft wundern darf, wie man es doch hat behaupten mögen. —

Also die Heerde ist kein Rechtsobject, wie die ἡνωμένα und die συνημμένα. Wie ihre von der stoischen Theorie unterstellte körperliche Einheit sich nur in gewissen einzelnen gemeinsamen Actionen manifestirt, so wird sie auch juristisch nicht so einflussreich wie die Einheit jener andern Körpergattungen. Es sind nur einige wenige Puncte, bei welchen nachweislich das römische Recht ihrer Eigenschaft als corpus ex distantibus Gewicht beilegt, und zwar, wenn ich recht sehe, nur die vindicatio gregis und eine untergeordnete Frage beim Vermächtniss einer Heerde.

---

8) Göppert Erzeugn. S. 26 A 20 S. 288. Vgl. besonders §. 38. I. de rer. div. 2, 1.

1. Was ist das Besondere jener Gesammtvindication, wenn es sich bei ihr, wie oben bemerkt, doch nur um das Eigenthum an den einzelnen Thieren handelt?

Man hat dasselbe darin gesucht, dass hier die Vereinigung mehrerer Klagen in einen Process gestattet wurde, während sonst dem römischen Recht die Klagencumulation im Allgemeinen unbekannt gewesen sein soll. Es ist richtig, dass hier eine Klagencumulation vorliegt; aber diese ist im römischen Recht nicht so unerhört, wie angenommen wird, und die eigentliche Singularität liegt in etwas Anderem.

Zunächst habe ich die erstere Behauptung zu beweisen.

Bekanntlich wurde im classischen Process durch die exceptio litis residuae (Gai. 4, 122) auf gleichzeitige Abwicklung der mehrern zwischen denselben Parteien schwebenden Rechtsstreitigkeiten hingewirkt. Waren aber mehrere Processe gleichzeitig im Gange, so scheinen sie sehr häufig[9] einem und demselben Richter überwiesen worden zu sein: an welche besondern Voraussetzungen dies geknüpft war, ist uns nicht bekannt.[10]

Sicher ist ferner, dass in der Regel die Verbindung sich auf diese Vereinigung in eine einzige richterliche Hand beschränkte und im Uebrigen die Processe gesondert gehalten wurden; höchstens erhielt der Richter eine bestimmte Ordnung in der Aburtheilung vorgeschrieben. Die Selbständigkeit fand ihren Ausdruck darin, dass dem Richter für jede Sache eine besondere Formula gegeben wurde.

9) Quintil. inst. orat. 3, 10, 1.

10) Dass es nicht ausnahmslos erfolgte, ergiebt schon rubr. tit. D. de quibus causis ad eundem iudicem eatur 11, 2. Wetzell's Behauptung jedoch (Civilprocess 2. Aufl. §. 63. S. 778), es sei regelmässig Connexität erfordert und nur ausnahmsweise davon abgesehen worden, stützt sich zum Theil auf Stellen, welche von una formula zu verstehen sind; nur l. 1. D. de quib. caus. scheint auch die einfache Verbindung beim Fehlen der Connexität in der That als etwas besonderes zu bezeichnen. Planck Mehrheit der Rechtsstreitigkeiten S. 88 betrachtet die Zuweisung als Sache des prätorischen Ermessens.

Dass jedoch letzteres nicht ausnahmslos geschah,[11] ist ebenfalls sicher, trotz des im Allgemeinen gewiss richtigen Princips: ein Process, eine Frage.[12] Ein einheitliches judicium konnte stattfinden z. B. wegen mehrerer gemeinschaftlicher Erbschaften, mehrerer einzelner res communes, wegen der Ansprüche aus mehrern Societäten, wegen zweier Kaufforderungen unter besondern Umständen, vielleicht auch wegen mehrerer zu exhibirender Sachen.[13]

Besonders bestimmt pflegt man die Cumulation in diesem Sinne bei Vindicationen in Abrede zu stellen.[14]

Indessen ist der Grundsatz: soviel Sachen, soviel Vindicationen überhaupt nicht absolut durchzuführen. Es ist nichts zweifelloser, als dass man Mengen von (trockenen) fungiblen Sachen von jeher in einer einzigen Klage vindicirt haben wird und nicht etwa für jedes Geldstück, Getreidekorn u. s. w. einen Separatprocess anfangen musste: und doch ist der gelegentlich neuerdings aufgestellte Satz: Quantitäten gelten für eine Sache, ebenso unzweifelhaft unrichtig.[15]

Halten wir uns weiter ausschliesslich an die Zeit des Formularprocesses, so wird schwerlich Jemand unter einer fructuum vindicatio einen Haufen von Einzelklagen gemeint glauben.[16]

---

11) Wie Planck S. 89. und Bethmann-Hollweg Civilproc. Bd. 2. S. 464. anzunehmen scheinen.

12) Ihering Geist des R. R. Bd. 3. S. 23.

13) L. 25. §. 3. 4. D. fam. erc. 10, 2. l. 52. §. 14. D. pro soc. 17, 2. l. 10. D. de act. emti 19, 1. l. 5. pr. §. 2. l. 11. §. 2. D. ad exhib. 10, 4. Vgl. Ihering S. 35.

14) Ihering S. 32. 33; Bechmann Access. S. 72.

15) Vgl. die insoweit zutreffenden Bemerkungen von Demelius krit. Vierteljahrsschr. Bd. 10. S. 333. Verfehlt sind die Gegenausführungen von Bremer ebenda S. 28. Vgl. namentlich §. 28. I. de rer. div. 2, 1 verb.: quia singula corpora, id est singula grana quae cuiusque propria sunt, ex consensu vestro communicata sunt. Die Sache als Rechtsobject und die Gegenstände des Umsatzes sind eben etwas anderes. Mit Flüssigkeiten verhält es sich selbstverständlich anders als mit trockenen Fungibilien; eine gewisse in einem Behältniss umschlossene Quantität davon ist allerdings eine einheitliche Sache.

16) Vgl. Ihering Geist Bd. 3. S. 180.

Aber auch sonst ist es vorgekommen, dass die Vindication mehrerer Sachen, welche kein corpus ex distantibus — übrigens auch keine universitas im modernen Sinne — bildeten, in ein judicium mit einer formula zusammengefasst wurden.

Zuverlässige Beispiele dafür geben l. 21. §. 2. D. de exc. rei iud. 44, 2 (Pomponius):

> Si Stichum et Pamphilum tuos esse petieris et absoluto adversario Stichum tuum esse petas ab eodem, exceptionem obstare tibi constat —

und l. 7. pr. D. eod. (Ulpian):

> Idem erit probandum, si duo corpora fuerint petita, mox alterutrum corpus petatur: nam nocebit exceptio.

Es versteht sich, dass in beiden Stellen nicht an zwei besondere, nur gleichzeitig angestellte und verhandelte Vindicationen gedacht ist: in diesem Fall würde ein Bedenken über die Tragweite der Urtheilssprüche in der hier vorausgesetzten Weise nicht möglich gewesen sein.[17]

Es gehört ferner hierher l. 6. D. de rei vind. Einmal wird dort von der Vindication von vestimenta gesagt, es müssten dieselben speciell bezeichnet, also, wenn auch nicht, ob neu oder abgenutzt, aber mindestens Zahl und Farbe angegeben werden. Wären soviel Formeln als Stücke nothwendig gewesen, so hätte doch wohl der Zweifel überhaupt nicht auftauchen können, ob die Zahl vom Kläger gesagt werden musste. Nachdem sodann gegen captiöse Subtilitäten Verwahrung eingelegt worden, heisst es weiter:

> licet in petendo homine nomen eius dici debeat et utrum puer an adulescens sit, *utique si plures sint.*

Also auch wieder die Möglichkeit, dass mehrere Sclaven in einem Process vindicirt werden.

---

17) In den Darstellungen der Lehre von der Rechtskraft werden die Stellen regelmässig in entsprechender Weise aufgefasst: Keller Litiscontest. S. 262; Savigny Syst. Bd. 6. S. 449; Bekker process. Consumption S. 233; Krüger Consumpt. und Rechtskraft S. 162.

Auf einen einzigen Process deuten die Ausdrücke: instrumentum vindicabitur (l. 1. §. 1. D. de instr. 33, 7)[18] und: vindicatio peculii (l. 6. §. 1. D. de pec. leg. 33, 8) gewiss hin, und beim Peculium haben wir auch noch einen andern Anhalt für die Annahme, dass dabei nicht bloss Gleichzeitigkeit mehrerer einzelner Vindicationen stattfand.

Dass es sich nämlich nicht um das Peculium als geschlossenes Ganzes handelt, ist durch l. 56. D. de R. V. gewiss. Der Legatar, dem ein peculium per vindicationem vermacht war, hatte die einzelnen zum peculium gehörig gewesenen Sachen als einzelne zu vindiciren, so gut wie armamenta navis singula erunt vindicanda (l. 3. §. 1. D. de R. V.). Dass dies aber auch in getrennten Processen geschehen musste, ist sachlich schwer denkbar. Denn falls auf dem Peculium Schulden an den Testator lasteten, musste der Legatar sich einen Abzug gefallen lassen und zwar von allen Sachen gleichmässig pro rata; es wurde ihm deshalb auch gestattet incertam partem zu vindiciren.[19] Es war aber geradezu unmöglich festzustellen, wieviel denn von jeder Sache dem Erben verbleiben müsse, wenn nicht durch die Verbindung in ein einheitliches Verfahren dem Richter die nöthige Grundlage für die Abschätzung der der Peculiarschuld gegenüberstehenden Activmasse gewährt wurde. Auch die Grundsätze in l. 17. 18. D. de pecul. leg. 33, 8 erheischen die Vereinigung der Processe.

Alldas ist nun aber auch nichts weiter als Klagencumulation.

Wie die einzelnen fructus, vestimenta oder Sclaven, so hat Kläger auch die einzelnen corpora, welche zum peculium, instrumentum, zu den armamenta gehören, von vornherein speciell zu bezeichnen und darf nicht etwa die intentio auf jene vestimenta, jenes peculium, instrumentum u. s. w. schlechtweg stellen, so dass

18) Welche instrumenti vindicatio Neuner Privatrechtsverh. S. 102. A. 5. der vindicatio gregis gleichstellen will; vgl. dagegen auch Bechmann Access. S. 70. A. 1.

19) L. 6. pr. l. 8. pr. D. de pecul. leg. 33, 8. l. 8. §. 1. D. comm. div. 10, 3. Vgl. Ihering Geist Bd. 3. S. 73. f.

erst dem spätern Verfahren die Ermittelung vorbehalten würde, was er mit diesen Gesammtbezeichnungen gemeint habe.[20] Es bleibt also trotz der einheitlichen formula wahr, dass die res singulae vindicirt werden: nur, was er speciell angegeben, wird ihm zugesprochen, gleichviel was sonst noch zum peculium, instrumentum u. s. w. gerechnet werden könnte.

Die Vereinigung hat den Erfolg, dass der Richter in einem einzigen Urtheile gleichzeitig über sämmtliche Vindications-Ansprüche erkennt, während bei blossem Parallelismus der Processe der Richter ebenfalls über alle gleichzeitig erkennen konnte,[21] aber keineswegs dazu genöthigt war. Sie sichert dadurch zugleich noch zuverlässiger die gleichmässige Entscheidung bei gleicher Rechtslage. Uebrigens aber muss sich im Inhalt wieder die Selbständigkeit der Vindicationen gezeigt haben: der Richter mochte je nach dem Ausfall der Prüfung die eine Sache dem Kläger zu- und die andere ihm absprechen. Es ist wohl nicht daran zu denken, dass er wegen plus petere ihn hätte abweisen müssen, wenn es ihm nicht gelang, an allen vindicirten Sachen Eigenthum zu erweisen, etwa wie dann, wenn ihm von der geforderten einzelnen Sache nicht das Ganze, sondern nur ein Theil gehörte.[22] Andernfalls wäre die nur aus Nützlichkeitsgründen — wovon nachher — angeordnete Vereinigung der mehrern Vindicationen, selbst nur auf Pamphilus und Stichus, eine wahre Falle gewesen. Ich weiss nicht, ob bei blosser Nebeneinanderstellung der mehrern Sachen in der intentio der gewöhnlichen formula petitoria der Richter durch den Zwang des Syllogismus zur Totalabweisung bei Beweisfälligkeit in Betreff einzelner Sachen genöthigt gewesen sein mag; war dies der Fall, so wurde zuverlässig durch irgend welche Veränderung des Formulars Fürsorge getroffen. Ein

20) Wie Demelius S. 330. ff. meint.

21) Vgl. dazu Ihering S. 34. A. 17.

22) Dies hält insbesondere Dernburg Pfandr. Bd. 1. S. 457. für nothwendig bei einfacher Klagencumulation; er sieht daher die wesentliche Bedeutung der vindicatio gregis in der Ermöglichung einer Klage ohne diese Gefahr des plus petere.

Schluss von actiones in personam auf Pamphilum et Stichum dare oportere ist in aller Weise unzulässig.[23]

Endlich aber muss dem Kläger freigestanden haben, mit einer neuen Klage solche Sachen nachzufordern, welche er unterlassen hatte mit der ersten Gesammtklage zu beanspruchen, obgleich sie ebenfalls zu dem instrumentum, peculium u. s. w. gehörten, durch dasselbe Legat ihm zugefallen waren u. s. w.

Wir dürfen ohne Weiteres annehmen, dass die beschriebene Vereinigung noch weniger als die blosse Zuweisung an denselben Richter im Belieben der Parteien stand, sondern nur unter gewissen Voraussetzungen zugelassen und angeordnet wurde; über diese letztern lassen sich einige Vermuthungen aufstellen.

Bei der Vindication der Peculiarsachen bietet sich als nächster Anlass der Zusammenziehung in einen Process die Ermöglichung der Auseinandersetzung zwischen dem Legatar und dem Erben; eine ähnliche Utilität mag die Combination zweier iudicia familiae erciscundae veranlasst haben. Für die sonstigen Fälle geben uns die Vortheile, welche durch die Cumulirung erreicht werden konnten, ebenfalls einen Fingerzeig: die gleichzeitige und gleichmässige Aburtheilung sind offenbar besonders wünschenswerth, wenn das Eigenthum der mehrern vindicirten Sachen auf demselben Erwerbsgrunde beruht. —

Wir sind nunmehr im Stande festzustellen, in welchen Puncten die vindicatio gregis wirklich eine Singularität enthielt, von gewöhnlicher Cumulation mehrerer Vindicationen mit einer einzigen Formula sich unterschied.

Wir wissen zunächst aus l. 3. pr. D. de R. V., dass die Gesammtklage auch dann gestattet wird, wenn das Eigenthum des Klägers an den einzelnen Thieren aus verschiedenen Rechtstiteln herrührt; es genügt für ihre Zulassung, dass die Thiere in einer Heerde thatsächlich vereinigt sind.

---

23) Demelius S. 331 umgeht diese Schwierigkeit dadurch, dass er die Specialisirung nicht als Angabe der eigentlichen Klagobjecte, sondern als blosse designatio des Ganzen auffasst, worauf nach ihm die Klage gehen soll.

Wir wissen ferner, dass bei ihr die Intentio auf gregem meum esse gestellt wurde. An Stelle der sonst stets erforderlichen Specialisirung tritt hier eine Gesammtbezeichnung in Pausch und Bogen.[24] Alles Weitere ist nur Folge aus dieser Concession. Kläger entgeht dadurch der Gefahr eines unvollständigen Resultats seiner Klage bloss in Folge einer Unvollständigkeit der Aufzählung beim Beginn des Processes; das Verfahren erstreckt sich ohne Weiteres auf alle Thiere, welche zu der Heerde überhaupt gehören. Andererseits steht aber eben deshalb jeder künftigen Klage auf irgend welches einzelne Thier des jetzigen Bestandes die exceptio rei iudicatae entgegen.[25] Auch trifft ihn allerdings in gewissem Maasse die Gefahr des plus petere; er wird in totum abgewiesen, wenn er nicht wenigstens an dem maior numerus d. i. der absoluten Majorität Eigenthum nachweist, weil nur dann der gebrauchte Ausdruck gregem eius esse als wahr gelten kann.

Man wird zugeben, dass die Specialbezeichnung und selbst nur die Zahlangabe dem nichtbesitzenden Kläger bei andern Mengen von Dingen nur ausnahmsweise so schwer sein wird, wie regelmässig bei einer Heerde, in Folge der mangelnden Individualität der Thiere und des wechselnden Bestandes. Die Zulassung der Vindication unter dem Gesammtnamen entspricht also einem wirklichen practischen Bedürfniss, welches sie auch für unsern heutigen Process noch als wünschenswerthe Erleichterung erscheinen lässt, wenn, was andererseits aus practischen Gründen empfehlenswerth, im Uebrigen bei Cumulirung von Vindicationen am Specialisirungszwange schon für die Klage festgehalten wird.[26]

---

24) In dieser Ersparung der speciellen Bezeichnung sieht Göschen Vorlesungen Bd. 2. Abth. 1. S. 43. mit Recht die wesentliche Bedeutung der Gesammtvindication; nur fehlt auch er darin, dass er letztere bei allen sog. universitates facti stattfinden lassen will.

25) L. 21. §. 1. D. de exc. rei jud. 44, 2.

26) Dernburg Pfandr. Bd. 1. S. 457. erachtet zu Unrecht die Bedeutung der vindicatio gregis für antiquirt, in Folge seiner Meinung, dass dieselbe wesentlich in der Vermeidung der Gefahr des plus petere beruht habe, welche freilich heute weggefallen ist. Von anderem Standpuncte aus kommt Bechmann Access. S. 69 ebenfalls zu dieser Behauptung.

Ihre theoretische Rechtfertigung erhielt diese Concession aus der Anerkennung des grex als eines corpus ex distantibus. Es liegt danach hier in der Gesammtbezeichnung kein willkürliches subjectives Moment, wodurch künftig in den Process ein Element der Unsicherheit über das eigentliche Object der Klage hineinkommt; vielmehr ist es ein objectiver Begriff und seine Bezugnahme giebt den Processgegenständen eben jene Bestimmtheit, welche sonst nur durch die regelmässig verlangte Specialbeschreibung der oder aller einzelnen Sachen erreicht werden kann.

Exner[27] hat die Vermuthung aufgestellt, dass die vindicatio gregis dem Kläger noch einen besondern Beweisvortheil verschafft habe: war sein Eigenthum an der Majorität der Thiere nachgewiesen, so habe er die Präsumption für sich gehabt, dass auch die übrigen ihm gehörten. Bei freier Beweisprüfung mag der Richter wirklich unter besondern Umständen sich durch eine ähnliche Wahrscheinlichkeits-Erwägung leiten lassen; aber als Beweisregel für alle Fälle wäre sie höchst bedenklich.[28] Vor Allem ist sie in den Pandekten mit keinem Worte angedeutet. Die verhältnissmässige Geringfügigkeit der wirklich nachzuweisenden Bedeutsamkeit der vindicatio gregis darf uns nicht verleiten noch weitere Besonderheiten durch blosse Combinationen zu suchen; sie wird ja auch durchaus nicht häufig erwähnt, wie Exner meint, sondern im Ganzen, wenn wir l. 1. §. 3. — l. 3. §. 1. D. de R. V. wie billig für eine Stelle rechnen, nur dreimal. —

2. Die römischen Juristen berufen sich noch ferner auf die Eigenschaft der Heerde als ein corpus ex distantibus beim legatum gregis.

Julian, welchen §. 18. I. de leg. 2, 20 citirt, macht dieselbe geltend um zu beweisen, dass auch solche Thiere dem Legatar gebühren, welche erst nach dem Testament zur Heerde, sei es aus dem eigenen fetus, sei es anderwärtsher hinzugefügt worden sind. Denselben Satz spricht Pomponius in l. 22. D. de leg. 1.

---

27) Tradition S. 234.

28) Vgl. Dernburg S. 456.

mit der Wendung aus, trotz der Substitution anderer Thiere eundem gregem videri, also mit einer Anspielung auf das oben erwähnte Charakteristicum des grex. Da nun ganz dasselbe regelmässig auch dann gilt, wenn instrumentum, lana oder dergl. legirt sind (oben Seite 62), so muss bei der Heerde noch eine gewisse Besonderheit obgewaltet haben, wesshalb man sich bei ihr auf ihre eigenthümliche Natur berief.

Die Erklärung liegt in folgender Erwägung. Die Zusammenfassung z. B. gewisser Geräthe unter dem Namen instrumentum ist etwas ganz willkürliches und subjectives, wenn es auch der allgemeinen Vorstellungs- und Sprechweise entspricht. Es findet so zu sagen keine Continuität zwischen dem, was heute so genannt wird, und demjenigen statt, was irgend wenn künftig mit diesem Namen wird bezeichnet werden können. Es ist also Interpretationsfrage, auf welchen Moment der Testator seinen Ausdruck bezogen hat, die nur thatsächlich meist dahin beantwortet werden wird, dass er an seine Todeszeit dachte. Die Heerde als corpus ex distantibus ist dagegen etwas Objectives. Sprach der Testator vom grex, so lag schon in dieser Bezeichnung selbst die Gleichgiltigkeit gegen den aus dessen Wesen sich ergebenden Bestandwechsel; es bedarf hier keiner besondern Interpretation, sondern versteht sich von selbst, dass der Testator meinte: diese Heerde, gleichviel wie sie künftig beschaffen sein, aus welchen Stücken sie bestehen wird.

Mit dem Legat eines instrumentum u. s. w. trifft das der Heerde auch noch darin zusammen, dass beide als unum legatum angesehen werden. Es ist von Bedeutung, dass Paulus in l. 6. D. de leg. 2. bei diesem Puncte nicht nur nicht an das unum corpus ex distantibus erinnert, sondern die Heerde hier direct gleichstellt mit peculium, vestis, argentum und ähnlichem. Hier dürfen wir also auch dem Einheitsbegriff keinen Einfluss zuschreiben: maassgebend ist dabei nur, dass das Legat der Heerde ebenfalls kein Vermächtniss mehrerer einzelner, speciell bezeichneter Sachen ist.

Ein dritter Punct, welcher dem legatum gregis mit jenen Legaten gemeinsam ist, besteht darin, dass, wenn spätere Ereignisse die Stückzahl verringern, so dass die Gesammtbezeichnung nicht mehr passt, doch der vorhandene Rest dem Honorirten gewährt werden muss.[29] Es ist klar, dass dies aus dem Körper- und Einheitsbegriff nicht abgeleitet werden kann, sondern eher einer stricten Durchführung desselben widerspricht, welche dahin kommen müsste zu behaupten: wenn eine Heerde nicht mehr besteht, kann auch das Legat derselben nicht mehr gelten. Wenn nichtsdestoweniger Pomponius hier indirect auf den Einheitsbegriff Bezug nimmt durch den Vergleich mit einer res composita: quemadmodum insula legata si combusta esset, area possit vindicari, so hat dies nur den Zweck, es plausibel zu machen, dass der Einheitsbegriff jener Annahme nicht im Wege stehe, da ja sogar bei zusammengesetzten Sachen das Legat nach Untergang eines Theiles auf den Rest bestehen bleibt, obgleich für diesen die vom Testator gebrauchte Benennung nicht mehr zutreffen mag. Die Schlüssigkeit des Arguments ist zweifelhaft, da in jenem Fall die benannte Sache selbst, die Heerde, in diesem nur der den Namen gebende Theil der legirten Sache verschwunden ist. Man sieht jedenfalls, dass die römischen Juristen keine Neigung hatten, dem Einheitsbegriff zu Gefallen den Willen des Testators, dem Legatar alle jene Thiere zuzuwenden, auf den möglich gebliebenen Rest unausgeführt zu lassen.

In einer Hinsicht endlich finden wir beim Vermächtniss einer Heerde eine Singularität vom gewöhnlichen Vermächtnissrecht, für welche bei vermachten andern sog. Sachgesammtheiten schon deshalb die Möglichkeit einer Analogie fehlt, weil sie nothwendig steril sind: an Stelle der sonstigen Regel über Fruchtprästation des Belasteten verordnet l. 39. D. de usur. 22, 1,[30] dass der eigene Nachwuchs der Heerde vom Tode des Testators an als Zuwachs derselben gelten und also dem Legatar zu Theil werden soll.[31] Einen Zusammenhang dieser Besonderheit

29) L. 22. D. de leg. 1. §. 18. I. de leg. 2, 20.

30) Sollte nicht auch die Erwähnung des grex relictus in Vat. fr. 65 (l. 8. D. de usur.) darauf zu beziehen sein?

31) Zu vergleichen würde damit auch dasjenige kaum sein, was nach l. 8. §. 8 D. de pecul. leg. 33, 8 und §. 20. I. de leg. 2, 20 vom legirten Peculium gilt: siehe deshalb Mandry Begriff und Wesen des Peculium 1869 S. 43. ff.

mit der Qualität eines einheitlichen Körpers kann ich nicht finden; sie hängt wohl mit dem wirthschaftlichen Grundsatz zusammen, dass der Nachwuchs immer zunächst zur Ausfüllung der in der Heerde durch den Lauf der Natur entstehenden Lücken dienen soll. —

So beschränkt sich denn beim Vermächtniss eines grex der Einfluss unserer Lehre über dessen Wesen auf jene Frage nach dem Anspruch des Legatars auf die nach dem Testament vom Testator hinzugefügten Viehhäupter. Jene Frage entsteht dadurch, dass das Legat seiner Natur nach erst in der Zukunft Wirksamkeit übt, und dass bei diesem und verwandten Legaten die Möglichkeit besteht, der Testator habe die Absicht, den Umfang der Wirksamkeit durch die thatsächlichen Verhältnisse zu jener spätern Zeit bestimmen zu lassen: die Annahme des wirklichen Vorhandenseins dieser dem Legatar günstigen Absicht wird durch die eigenthümliche Bedeutung der Heerde als eines gegen Wechsel, Zu- und Abgang indifferenten Körpers erleichtert.

Dagegen ist die Wirkung eines obligirenden Geschäfts unter Lebenden über eine Mehrheit von Gegenständen, selbst wenn es noch bedingt ist, immer insofern eine präsente, als die Schuld des Versprechenden oder seine Gebundenheit und der Anspruch des Promissars sich auf dasjenige bezieht, was sie jetzt unter den gebrauchten Worten verstehen, nicht auf etwas, was künftig einmal darunter verstanden werden könnte. Hier besteht kein Interpretationszweifel zwischen qui mei sunt und qui mei erunt, und die römischen Juristen hatten also keine Veranlassung zu seiner Lösung speciell bei Stipulation oder Verkauf einer Heerde deren Eigenschaft als corpus ex distantibus geltend zu machen. Kauft, wer seine Heerde schuldet, vor der Erfüllung neue Thiere und thut er sie zu dem alten Bestande hinzu, so versteht sich doch von selbst, dass er nur den letztern dem Gläubiger zu gewähren braucht, so gut wie der Verkäufer eines instrumentum fundi die neuen Inventarstücke nicht zu leisten hat, welche er in der Zwischenzeit angeschafft haben mag. Nur die eigene Nachzucht des alten Bestands wird unter dem Gesichtspunct der Commodumleistung vom Gläubiger beansprucht werden können.

Es fällt hiernach die einzige Bedeutung, welche die Lehre von der Körperlichkeit der Heerde bei Legaten besitzt, bei Verträgen inter vivos hinweg. Dass sie bei diesen letztern irgend eine sonstige Einwirkung äusserte, ist nicht zu erweisen: Geschäfte über einen grex zeigen keine andern Eigenthümlichkeiten, als die wenigen — sie reduciren sich auf die una stipulatio oder emtio mit deren Folgen —, welche sich bei allen Geschäften über sog. „Sachgesammtheiten" vorfinden.

Als besonders erheblich würde sich nach unserer bisherigen Erörterung die Reception des stoischen Begriffs von corpora ex distantibus für die Gestaltung des römischen Vermögensrechts nicht darstellen. Der Rede werth ist in der That doch nur jene besondere Erleichterung bei der Vindication, und auch sie wäre allenfalls zu entbehren.

Noch dazu ist gerade die vindicatio gregis selbst uralt. Gajus berichtet (inst. 4, 17), dass schon die legis actio sacramento auf eine Heerde gerichtet werden konnte.[32] Die stoische Lehre, deren Aufnahme jedenfalls in die Zeit zu setzen ist, in welcher ausser in der beschränkten Competenz der Centumvirn Legisactionen nicht mehr vorkamen, kann also die vindicatio gregis nicht aufgebracht haben. Sie würde daher nichts Neues geschaffen, sondern nur zur theoretischen Colorirung für Etwas gedient haben, was an sich selbst längst feststand.

32) Bechmann Accession S. 69. A. 1. leugnet, dass aus Gajus auf hohes Alter der vindicatio gregis geschlossen werden müsste; es sei möglich, dass er nur an die in jure cessio seiner eigenen Zeit gedacht habe; jene sei erst in der classischen Periode aufgekommen. Aber letzteres kann doch aus l. 1. §. 3. D. de R. V., welche er anführt, nicht gefolgert werden, da sie zwar ein Citat aus Pomponius für die Sache enthält, aber ihn nicht als Erfinder nennt. Gajus spricht durchaus im Präteritum und gerade direct vom wirklichen Process. Dass man erst in der classischen Zeit aus der neuerdings zugelassenen Vindication im Formularprocess sich eine in jure cessio gregis geschaffen haben sollte, ist bei dem frühen Obsoletwerden dieser ganzen Geschäftsform (Gai. 2, 25) höchst unwahrscheinlich

Es wäre indessen wohl möglich, dass, — worüber uns die Notiz von Gajus im Unklaren lässt, — die vindicatio gregis der alten Zeit eine abweichende juristische Bedeutung gehabt hätte, namentlich hinsichtlich der Behandlung von aliena capita und dass überhaupt ein dominium gregis mit noch andern Wirkungen angenommen worden wäre. Die stoische Lehre, welche zwar der Heerde Einheit zuschreibt, aber diese auf einzelne Lebensäusserungen reducirt, könnte dann dazu veranlasst haben, auch die juristische Behandlung als Ein Ding einzuschränken und jene Klage auf die Bedeutung herabzudrücken, welche sie im classischen Rechte besitzt, nach welcher dem einzelnen Thier seine Stellung als selbständiges Eigenthumsobject gewahrt bleibt.

Auch sonst würde unsere Lehre geeignet gewesen sein, klärend auf die Rechtsanschauung einzuwirken, falls es dessen bedurfte. Unter allen Vereinigungen mehrerer Sachen, welche im Geschäftsverkehr und im Rechtsleben sich darbieten, wird diese eine hervorgehoben: nur sie hat körperliche Realität, und auch sie verhindert nicht die gesonderte Betrachtung der einzelnen Dinge; diese wird vielmehr herausgefordert, sowohl durch dasjenige, worein die Wirksamkeit der Einheit gesetzt wird, als durch den Gegensatz, welchen die beiden andern stoischen Arten einheitlicher Körper bilden. Dies konnte wohl den Anstoss zu der Untersuchung geben, ob überhaupt und welche rechtliche Bedeutung jenen andern Vereinigungen beizulegen ist.

Das classische römische Recht leidet nicht an den „Sachgesammtheiten“ unserer Doctrin, und die Erbschaft, das peculium sind ihm Rechtsbegriffe, nicht blosse Vereinigungen körperlicher Sachen oder gar selbst Object von Eigenthum.

Aber die Feststellung des wahren Verhältnisses der hereditas zu den corpora hereditaria, die Beseitigung der usucapio pro herede in ihrer alten Gestalt entgegen der populären Auffassung, wie sie selbst der Stoiker Seneca vertritt, die Abtrennung der hereditatis petitio von der rei vindicatio — Alles zusammen: die Anerkennung der hereditas als eines juris nomen, welches etwas Anderes ist, als eine Summe von körperlichen Sachen, und auf welches der Begriff des Eigenthums nicht anwendbar ist[33] — erfolgte erst gegen das Ende der Republik und im Anfange der Kaiserzeit, also gerade in der Periode, in welche wir die Aufnahme der stoischen Anschauung von Sachganzen zu setzen haben.

Auch beim Peculium ist die classische Vorstellungsweise nicht die ursprüngliche.[34] Den Beweis dafür liefert das Vindicationslegat desselben. Der Vermächtnissnehmer erhält die rei vindicatio auf die einzelnen Peculiarsachen, während zur Deckung der Peculiarschulden dem Erben eine entsprechende Eigenthumsquote verbleibt und auf diese künstliche Weise dem adoptirten Begriff des Peculiums zu seinem Rechte verholfen wird als der Summe dessen, quod servus domini permissu separatim e rationibus dominicis habet deducto inde si quid domino debetur.[35] Das SCtum Neronianum bot die Möglichkeit einer anscheinend sachgemässern und jedenfalls einfachern Behandlung, nämlich als Damnationslegat auf den Ueberschuss der Activa über die Schulden an den dominus, ähnlich wie beim Verkauf des servus cum peculio in der That verfahren wurde.[36] Der künstlichere Umweg ist lediglich erforderlich dadurch, dass man sich bemühte, das als Vindicationslegat hinterlassene Vermächtniss auch wirklich als solches aufrecht zu halten. Die darin erkennbare Nachgiebigkeit der Juristen gegen eine eingewurzelte Uebung, welche wieder auf eine alte Anschauung des Verkehrs deutet, geht sogar, wie Dernburg bemerkt hat, bis zur Zulassung eines erheblichen Widerspruchs mit der Theorie des Vindicationslegats selbst. Während dieses mit einer hier nicht zutreffenden Ausnahme Eigenthum des Testators zur Zeit der Testamentserrichtung und zur Todeszeit verlangt. wird das Vermächtniss des Peculiums auf den Bestand zur letztern bezogen: in den hier interessirenden Stellen wird aber kein Unterschied zwischen ältern und neuern Peculiarsachen gemacht, sondern die Vindication schlecht-

33) Dernburg Compensation 2. Aufl. S. 119.

34) Vgl. zu dem Folgenden besonders Dernburg Compensation S. 117. ff. Mit Unrecht widerspricht Mandry Begriff und Wesen des Peculium S. 80. A. 6.

35) L. 5. §. 4. D. de pecul. 15, 1. Vgl. Ihering Geist Bd. 3. S. 74.

36) L. 11. §. 7. D. de pecul. 15, 1: Mandry S. 86.

weg und allein als die dem Legatar zustehende Klage genannt. Dies lässt sich begreifen als Concession an eine ältere Lehre, welche das Peculium nicht als einen Rechtsbegriff mit wechselndem Inhalt ansah, den man mit Körperwesen nur allenfalls vergleichen mag (l. 40. pr. D. de pecul. 15, 1.), sondern welche dasselbe selbst als eine Sache und in gewissem Maasse qua Einheit als Eigenthumsobject betrachtete: von diesem Standpuncte aus hatte es überhaupt keinen Anstoss zu erregen vermocht, dass ein einzelner Gegenstand zu jenem früheren Augenblick dem Testator noch nicht gehörte.

Bei den sog. universitates facti haben wir meines Wissens keine solchen Anzeichen dafür, dass in älterer Zeit eine weniger correcte Auffassung gegolten hat als die der Pandektenjuristen. Wir finden z. B. nicht, dass es üblich war sie in einfacher Vindicationsform auch dann zu hinterlassen, wenn der Testator dem Legatar wirklich den Bestand zur Todeszeit zuwenden wollte,[37] und noch weniger ergiebt sich eine Spur, dass, wenn es geschehen, dem Legatar erlaubt wurde, auch die später hinzugekommenen Stücke zu vindiciren.[38] Aber dies kann daher rühren, dass die entwickelte Jurisprudenz hier im Stande gewesen ist, ihre eigenen Anschauungen ohne Concessionen dem Verkehr aufzuzwingen, während beim legatum peculii das besondere, gewissermaassen Affections-Interesse des Legatars an den von ihm bisher

37) Vindicationslegate finden sich von: 1. instrumentum fundi: l. 1. §. 1. D. de instr. leg. 33, 7. vgl. darüber Anm. 38; 2. instrumentum tabernae, aber quae *sunt*, also auf den jetzigen Bestand bezogen: l. 15. pr. D. eod.; 3. ornamentum mulieris, aber *meum*, also ebenfalls Bestand zur Testamentszeit: l. 32. §. 4. D. de auro leg. 34, 2; 4. fundi ut instructi *sunt* und überdiess als Fideicommiss behandelt: l. 20. §. 1. D. de instr. leg. 33, 5. In der Formel der l. 12. §. 43. D. eod.: filiis domum meam instructam do lego darique jubeo ist vielleicht nicht wie in der ähnlichen Wendung im Testament des Dasumius eine blosse Vorsichtshäufung, sondern die technische Formel für ähnliche Legate zu sehen.

38) In l. 1. §. 1. D. de instr. leg. 33, 7 wird allerdings schlechtweg über die Möglichkeit der vindicatio instrumenti gesprochen; es wird aber vorausgesetzt, dass der Testator das Grundstück selbst veräussert hat, und es handelt sich darum, ob das zurückbehaltene Inventar vom Honorirten beansprucht werden darf; offenbar konnte unter diesen Umständen von einem weitern Zuwachs dazu nicht die Rede sein.

schon als Peculium besessenen Sachen, durch eine andere Vermächtnissart schlechter gesichert, das Festhalten der Rechtsübung an der alten Form und das Nachgeben der Theorie verursachte.

Auch dass Gajus nur gerade der Sacramentsklage auf eine Heerde gedenkt, beweist nicht, dass in der vorclassischen Zeit nicht doch auch ein peculium, ein instrumentum fundi, armamenta navis oder ähnliche „Begriffsganze" in ähnlicher Weise vindicirt werden konnten, wie später nur noch der grex. Gajus mag seine historische Notiz über die Symbole bei solchen Gesammtvindicationen auf den einzigen Fall der Heerde beschränkt haben, weil nur dieser noch in dem Rechte seiner Zeit fortbestand. Wenn andere Juristen ausdrücklich die Gesammtklage auf ein Peculium oder armamenta navis nach Analogie derer auf die Heerde ablehnen, so kann der Anlass nicht wohl darin gesucht werden, dass von irgend welcher Seite der stoische Begriff des corpus ex distantibus in entsprechender Weise ausgedehnt worden wäre; denn er ist so scharf begrenzt, dass eine Erweiterung seines Umfangs nicht ohne Zerstörung seines Wesens möglich ist. Eher könnte es sich um die Ablehnung von Folgerungen aus ältern durch die Reception jenes Begriffs beseitigten Rechtsvorstellungen gehandelt haben.

So möchte ich denn mit der Vermuthung schliessen: die Annahme des stoischen Begriffs von corpora ex distantibus mit seinem beschränkten Umfange und der beschränkten Bedeutung der ihnen beigemessenen Einheit habe einen gewissen Antheil sowohl an der Ausbildung der Vorstellungen über hereditas und peculium, als an der Auffindung der practisch richtigen, von allen unklaren Complicationen freien Behandlung dessen, was wir Sachgesammtheiten oder Gesammtsachen zu nennen pflegen. Um diesen Preis mögen wir die uns wenig einleuchtende Körperlichkeit der Heerde als Motiv der nützlichen Gestattung der gregis vindicatio immer hinnehmen.

www.ingramcontent.com/pod-product-compliance
Lightning Source LLC
Chambersburg PA
CBHW030625270326
41927CB00007B/1310
9783743657274